子どもをインターナショナルスクールに入れたいと思ったときに読む本

平田久子 著

お読みいただき光栄でございます。
平田久子

コスモピア

はじめに

この本を手に取ってくださり、ありがとうございます。どのようなお気持ちでご覧になってくださったのでしょうか。

インターナショナルスクールは教育に期待できそう。
インターナショナルスクールは面白そう。

だから、

ぜひとも子どもをインターナショナルスクールに入れたい。
子どもをインターナショナルスクールに入れたいと思うことがある。

けれど、

インターナショナルスクールは入るのが大変そう。
インターナショナルスクールは入ってからも大変そう。

インターナショナルスクールはお金がかかりそう。
インターナショナルスクールは感覚が違っていそう。
インターナショナルスクールはゆるっとしていそう。
期待も先入観も何でも頂戴いたします。面白がってくださいませ。

世の中のグローバル化が急ピッチで進み続ける今、我が国の教育制度に十分な満足感を得ている日本人はどのくらいいるのだろうか、と考えてしまいます。「没個性」「暗記ばかり」「受験のための勉強」「国際的視野の欠落」といった不満が解消されないまま、バブル、ポストバブルといった時期を過ぎ、鳴り物入りで導入された「ゆとり教育」が大きく方向転換を迫られた結果、「将来を担う今の子どもにどのような教育を与えたらいいのか」という疑問に直面した親たちがインターナショナルスクールという特別な選択肢に目を向けるのは、自然な成り行きなのかもしれません。

多文化の集合体であるインターナショナルスクールは、通常の教科を英語で生徒に教えるとともに、個々の違いやその文化の違いを尊重する、自己をきちんと主張する、自己の行動に責任を持つ、といった要素を身につけさせる指導で知られています。毎日たくさんの宿題を課しはしますが、「右へならえ」の概念も、暗記力のみが勝負の試験もありませんし、職人技的な受験勉強も求められません。

……だからって、実際はどうなのよ？　との疑問は解消しませんよね。

いろいろとあるのです。まあ、いろいろ不思議な現象が。「素晴らしい！」と胸がきゅんとすることがあれば、「ナーイス！」とにやけることも、はたまた「はあ？」と引いてしまうことも。「人は人、自分は自分」というまったくありがたいはずの理念も、時には「そんな冷たいことおっしゃらずに……」といった嘆きの対象にもなり得ます。

上の子を二歳でプリスクールに入れた後、私のインターナショナルスクール体験は十八年におよびました。高校・大学とアメリカ留学を経験し、そこそこの英語力がありましたので、「何とかなるだろう、何とかなりますように」と念じながらのインターナショナルスクール社会への参入でしたが、現実はサプライズの連続ばかり、「何とかせねば」と焦る日々を過ごす羽目になったのでした。

子どもたちも無事卒業し、「元保護者」という立場になって数年経った今、インターナショナルスクールについて、その素晴らしさや懐の深さだけでなく、「そりゃないでしょ」と考え込んでしまう点までをもご紹介したいと思い、この本を書き上げました。

拙い内容ですが、ああだこうだと思いを巡らせていただけたならば、誠に幸いでございます。

二〇一三年七月
平田久子

注1・日本国内には英語以外の言語で運営されている外国人のための学校もありますが、この本では英語で運営されている学校の情報や体験談をご紹介しますので、ご注意ください。
注2・この本には学校や民間の組織の活動が具体名をあげて紹介されていますが、筆者およびコスモピア株式会社はそれらの団体と協賛や支援といった関係はありません。

目次

第8章　そして次なるステップへ

第1章

まずはかっちりと基本情報

インターナショナルスクールの得意技

インターナショナルスクールって、良さそうに見えますよね。

食材であれ衣類や家具であれ、多くの選択肢の中で閃めくものを見つければ、思わず手に入れたくなりますよね。学校教育も同様です。端から眺めていると、インターナショナルスクールの教育はとても魅力的に見えます。思わず子どもに受験させてみたくなるのではないでしょうか。

「インターナショナルスクールを最も魅力的に見せている要素」を三つ、リストアップしてみました。

一、考える教育
二、発信力を高める教育
三、個性を重んじるという意識

どれも日本の学校が不得意としてきたエリアですね。

インターナショナルスクールでは「考える教育」を行っているとの評判がありますが、実際その通りです。日本式の「座って先生の講義を聞き、ノートをとって記憶する」といったやり方は「多数ある中のひとつの学習法」であり、インターナショナルスクールではそれと併行して、ディスカッションやプレゼンテーション、グループプロジェクトなどが頻繁に行われます。「二対二で向かい合った形の四つの机」が点在していたり、全部の机でひとつの馬蹄形をなしていたり、などといった教室のレイアウトは、コミュニケーションが多方向で交差することの現れなのでしょう。

どの学校もできるだけ少人数制をとろうとしていますので、どんなに大きなクラスでも生徒は二十五人程度、二十人以下というクラスサイズもごく普通です。ですから、キメの細かい指導は十分期待できます。当然、先生と生徒の密接度は強くなりますから、良きにつけ悪きにつけ素行に変化があれば、学校側は早期に気づきます。

日本式の「暗記が大原則の教育」では、先生と生徒が一方通行の関係なのでしょう。一方、インターナショナルスクールが得意とする「発信力を高める教育」は、教室にいる仲間たちをどしどし巻き込みます。うまくやってのければ鼻高々ですが、失敗は目立ってしまいます。けれどもクラスメイトの失態を対岸の火事と眺めるのは楽観のし過ぎというもの。明日は我が身、自分でだって必ずやってしまうのです。

「コミュニケーション能力において、日本人の生徒は外国人生徒に追いつかないままになるのでは？」との心配は杞憂でしょう。どのような技術であれ、どの国の出身であろうと、若いうちからきちんと教え込まれれば、必ず上手になっていくものです。

いつになっても日本人は「横並びしたがる」という傾向からなかなか脱却できないような気配がしますが、世の中を見渡せば、人々の暮らし方は多様性に満ちています。国が違えば、常識も物事の考え方も異なります。食事をする道具ひとつとっても、二歳や三歳から箸の使い方を覚える文化がある一方、箸を持つという経験をせずに生涯を終える人々もいくらでもいます。「深いお辞儀を繰り返す」という行為を丁寧ととらえるか卑屈ととらえるかは、受ける側の文化的背景によりけりです。宗教観がからめば、考え方の違いは更に複雑化します。他民族の集合体であるインターナショナルスクールでは、「違うのが当たり前」との意識を持たされますから、「出る杭」を見つけても、誰も叩こうとはしないのです。

とはいえ、インターナショナルスクールだって夢の花園ではありません。中に入り込めば、「いやだなあ」と思うことも経験します。「隣の芝生は青いもの」とはよく言ったもので、運良くインターナショナルスクールに入れたとしても、ときには「普通の日本の学校に通わせていたら、こんな苦労はしなくてすんだのに」なんて後悔をすることも多々あるのです。

ここで述べたことが具体的にどういうことなのかは、これからたっぷりご紹介いたします。

インターナショナルスクールの構造

●インターナショナルスクールは「各種学校」

インターナショナルスクールは、日本に住む外国人の子どもを教育するために設立された学校です。一八七二年（明治五年）に現在の横浜市山手にサンモール（Saint Maur）インターナショナルスクールが創立された後、全国各地でいくつもの学校が後に続きました。

日本国において、インターナショナルスクールは「各種学校」という扱いです。日本の小学校六年間、そして中学校三年間にあたるカリキュラムを全部修了しても、義務教育を終えたという認定は受けられません。

アメリカンスクール、ブリティッシュスクール、カナディアンアカデミーのように、学校名に国名が含まれている場合、その名前の国の政府から認可や助成を受けているとは限りませんが、カリキュラムはその国のものが導入されています。「セント○○」、「サン○○」といった学校名であれば、カトリックの団体が運営していますので、学校生活の中にキリスト教の教育や行事が組み込まれます。そして、どこの政府・どこの宗教団体からもバックアップを受けない、「独立系」の学校も存在します。

インターナショナルスクールを大まかにレベル分けすると、以下のようになります。

■プリスクール（Pre-school）一〜四歳までの、就学前の年齢の子どもが通う幼稚園・保育園。週に二日、三日、五日通わせる、半日もしくは全日通わせるという選択肢があります。上級の学校とつながった「付属校」であれば、厳しい入学の考査が待ち受けていますが、そうでなければ、親子面接のみといった、比較的簡単な関門をくぐるだけで合格できるところもあります。

■キンダーガーテン・幼稚園（Kindergarten　一年制）五〜六歳の子どものための幼稚園。日本的に言えば「年長組」を指します。上級の学校とつながった「付属幼稚園」が主です。

■小学校　Elementary School, Primary School　一〜五年生

■中学校　Middle School　六〜八年生

■高校　High School　九〜十二年生

すべての学校で日本語の教育が行われていますが、全学年に必修科目と課しているとは限りません。小学校では必修科目、中学生・高校生は選択科目になるというケースも多く見られます。必修であれ選択であれ、学習内容や方針は学校によって大きく異なります。

どの学校も、運動部があり、合唱会、社会科見学、修学旅行といったプログラムを設けています。日本の運動会と似通った行事を開催する学校もあります。年に一回はバザーなどのイベントを催し、一般の人々を学内に招き入れる機会を持ちます。学校内限定でお餅つきや節分の豆まき、雛祭り、といった行事を組み込んだり、和太鼓やお琴を教える機会を設けたりと、日本の文化を経験させる機会は思いのほか多く見受けられます。

●インターナショナルスクールの生徒たちの出身家庭

インターナショナルスクールの生徒たちの出身家庭は、「海外駐在員の外国人」「海外駐在員ではない外国人」「日本人」の三種類に分かれます。

海外から来日した駐在員は、日本以外の国をベースにしている組織(主に企業か大使館といった政府系の組織）によって、「いつからいつまで」という契約のもと、日本に派遣されてきます。家族持ちであれば、家族を連れて来日します。夫婦のうち、男性が任務を受ける例が圧倒的ですが、奥さんが海外駐在の辞令を受け、ご主人が同行するというケースもそう珍しくはありません。

派遣する側とされる側の間で綿密に練り上げられた契約書には、駐在の期間や身分、待遇、「外地手当」を含む給料（外貨建てもしくは円建て）や有給休暇の日数といった本人に与えられる条件のみならず、日本滞在中の家賃の補助額、家族全員の里帰りの費用、子どもの学費の供与といった家族のための支出もこと細かく記されます（日本人が駐在員として諸外国に派遣される場合と同様です）。

所属先の事情や組織内での身分や地位により待遇にはばらつきがあるものですが、一般的に海外駐在員は経済的に大変恵まれています。自宅の広さは二百五十平米かそれ以上、家族全員での里帰りはビジネスクラスで飛ぶというのは普通ですが、なかには運転手がつく、自宅の公共料金の支払いも会社が負担する、といった好待遇を受ける家庭もあります。

外交官および大使館がらみの任務につく駐在員には、所属の大使館から様々な便宜が与えられます。アメリカ大使館員を例にとれば、駐車場付きのマンションが提供されるほか、大使館員専用のスーパーマーケット、託児所、テニスコートやプールなどの福利厚生施設の使用が可能です。

「駐在員ではない外国人」とはその名の通りで、海外の所属組織から日本へ送られた駐在員とは異なり、自分の意思で日本に住みついた人々を指します。もともと旅行者や留学生、もしくは駐在員として来日し、そのまま住みついて起業したという人や、明治大正のころ貿易商の先祖が日本に住みついて以来、今では◯代目という人もいます。在日中国人・韓国人と呼ばれる方々もこのグループに属します。「富裕層」とも呼べる駐在員と変わらないステイタスを誇る家庭から、奨学金に頼りながら学費をやりくりする家庭まで、非駐在員の外国人家庭の暮らしぶりは様々です。

ご存じの通り、日本国内にはアメリカ軍の基地がいくつも存在します。基地内には中に住む住民の子どもたちのための学校が設置されていますので、基地に所属のアメリカ兵の子どもたちは皆原則として基地内の学校に通います。一般人と一緒にインターナショナルスクールに通うというケースは少数です。

インターナショナルスクールに子どもを通わせる日本人の場合、高額な学費を自己負担する必要がありますので、世帯主の職業は弁護士、開業医といった専門職の自営業者に偏りがちですが、中にはサラリーマンもみられます。少数ではありますが、海外の企業に所属し、駐在員の立場で日本へ赴任する日本人もいます。彼らは「海外駐在員とその家族」という扱いなので、所属の企業から学費や家賃の補助を受けています。また、通常の私立学校と比べ、インターナショナルスクールには芸能人の子どもが多く通っていることも、よく知られている事実です。保護者の中には海外からの帰国子女も含まれますが、決して大多数を占めているわけではありません。暮らしぶり同様、日本人保護者たちの英語力も実に多様です。

●インターナショナルスクールの転入・転出

インターナショナルスクールは、生徒の転入・転出が極めて多い学校です。海外から派遣される駐在員は、二年三年といった年数の契約で来日しますので、勤務地が変わるたびに子どもが出入りすることになるのです。選択肢が複数ある地域では、「学校との相性」「カリキュラムの好み」といった理由で、生徒が別のインターナショナルスクールに転校するケースも見られます。大多数の家庭が新学期に転入、年度末に転出という形を希望しますが、企業の事情もからみますので、学年の途中での転入・転出も起こりえます。

転校が多いということは、人種のばらつきだけではなく、男女比もクラス内で不均衡になる可能性があるということです。極端なケースでは男女比が三対一、四対一といった事態にもなる場合もありますが、それは仕方がないと覚悟しなければいけません。学校側としてはこのような不均衡は是非避けたいところですが、自力ではなかなか解決策が打ち出せないというのが実情です。

●インターナショナルスクールの先生たち

先生たちの大多数は、アメリカ、カナダ、イギリス、オーストラリア、ニュージーランドの出身です。日本語の先生は日本人がつとめます。教育学を修得した人物であれば、どこの国の出身者であれ（日本国籍の人も含め）、教科を担当したり担任の教師をつとめることが認められています。外国語の授業のために雇われている日本人や中国人、スペイン人といった先生たちの英語力は、高かったりそうでなかったり、ばらつきがあるのが普通です。

アメリカンスクールだからといって先生は一〇〇％アメリカ人とは限らず、他の国籍を持つ方もいます。英語の発音がアメリカ式と異なることがあっても、そのような相違は問題なしと判断されています。ブリティッシュスクールにおいても同様です。

夫（妻）が海外駐在員として来日したので、教員免許を持っている自分も教師として働くというケースも見られます。フルタイムではなく、「サブスティテュート」と呼ばれる代理要員として活躍する方もいます。

職種によっては、ネイティブレベルの日本語力や日本文化の理解力が必要とされますので、インターナショナルスクールで働く職員の中には日本人が多く含まれます。

●インターナショナルスクールの年間スケジュール

インターナショナルスクールの年間スケジュールをあげておきます。各学校により方針は少しずつ違っていて、長期休暇の日程も各校で違います。以下のスケジュールは「平均的にはこのような場合が多い」とお考えください。

八月末　新学期開始・新入生歓迎行事・学年別説明会
九月
十月（秋にバザーといった一般公開行事）
十一月
十二月中旬　合唱会など　冬休み（三週間程度）開始
一月上旬　授業再開
二月　スキープログラム（あれば）
三月下旬　春休み（一～二週間）
四月（秋に行っていない場合、春にバザーといった一般公開行事）

五月

六月上旬～中旬　全日程終了。卒業式

サマースクールの有無は学校によってまちまちです。通いや泊まりがけのキャンプを行う学校もあります。夏の間に開催されるプログラムは、自由参加が原則です。

インターナショナルスクールは、必ずしも日本の祝日を休日としているわけではなく、普通の登校日扱いにしているケースも多く見られます。祝日に面談や発表会を設ける学校もあります。ゴールデンウィークも、部分的に休んだり、全部が登校日だったりと、学校や年度によって違いがあります。

国籍と言語の比率について

「インターナショナルスクールは外国人のための学校」というのが定義ですが、実際には日本人在校生も多く、構成は複雑です。偏りが学習のさまたげにならないように、どの学校も人種の比率には注意を払わなくてはいけません。いくら日本人からの申し込みが殺到しているからといって、日本人ばかりを受け入れ、外国人が入りにくくなっては本末転倒ですし、日本人が大多数を占めてしまうと、効率よく英語で授業が進められる本来の環境とはほど遠くなってしまうからです。

インターナショナルスクールの特徴として、「景気や国の動向が入学者数と連動する」という点があげられます。日本の景気が良くなれば海外から駐在員が送り込まれ、後退すれば数が減少するというのは、非常にわかりやすい現象ですね。学費を自己負担する外国人家庭や日本人家庭でも、まったく同様の傾向が見られます。

バブル経済が華々しかったころ、インターナショナルスクールはどこも満杯でした。外資系の企業、特に金融系の会社はこぞって日本国内のオフィスを拡大させ、もしくは新規開設したため、日本に送り込まれる外国人駐在員と家族の数は激増し、「ここは別名『○○○証券スクール』」といった冗談がまかり通ったものでした。空きがなければ入学はできない、教室がなければクラスを増やせないという事情で、三人のきょうだいが全員別々の学校へ行くことになるといった、泣くに泣けない悲劇が起こることもざらでした。そしてその空席待ちを巡る騒動は、多くの学校で「日本人生徒を入れる余地はない」といった現象を招いたのでした。

バブル崩壊後、外資系企業の多くが事業を縮小・移転し、駐在員の数が減少すると、外国人は学校の選択が楽になり、日本人に対する門戸も広がりました。双方にとって朗報ではありましたが、その後起こったリーマンショックと東日本大震災のために、今度は外国人家族の数が大幅に減少してしまい、多くの学校は生徒数の確保に苦しみ始めました。たとえ日本人の申し込み数がある程度あったとしても、言語的比率を考慮しなければいけない立場としては、日本人生徒ばかりを増やすわけにはいきません。「イギリス国籍の生徒が転入したクラスは、三人の外国人と十五人の日本人で構成されていた」では、インターナショナルスクールとしての体をなさないことになります。

入学を希望する立場からすれば、入学しやすいという条件はありがたいのですが、門戸が広く開けられるということは、本来は振り落とされるべき人材まで入学できてしまうわけで、学校全体の空気を考えると、手放しで歓迎できる状況ではありません。

バブルのころから顕著になったのは、ハーフと呼ばれる子どもたちの増加です。この時期から、海外から日本に送り込まれる駐在員の中に「父親は外国人で母親が日本人」という家庭がぐんと増えました。

夫が外国人でも妻が日本人であれば、日本で暮らすのに助けがいらない、言葉に困らない、となれば、企業にとって誠に良いことずくめです。しかし、そのような駐在員家族の増加は、インターナショナルスクールの人種分布を変化させてしまいました。

子どもは幼い時期ほど母親に密着して生活しているものですから、この類の国際結婚（夫・外国人、妻・日本人）の場合、子どもは国籍こそ外国であったとしても、日本語の能力のほうが高いというケースが圧倒的です。実際、どの学校でも「日本語ネイティブ向け」の日本語クラスに、「国籍は外国だけれど日本人の母親のおかげで日本語ネイティブ並み」の生徒が多く存在します。

このような子どもたちが在学するため、言語的分布に気を配る学校は、より厳密に日本人生徒の数をコントロールせざるを得なくなりました。外国籍でありながらもインターナショナルスクール内での日本人枠に食い込む子どもの存在は、ただでさえ熾烈な競争を強いられている日本人入学希望者にとって、ひどく頭の痛い話になっています。

生徒数は学校の勢いの源ですから、どの学校においても、外国人生徒の数を保持することは、非常に重要なファクターです。東日本大震災から数年経ち、家族持ちの外国人駐在員の数はやや持ち直したといわれていますが、一旦閉鎖した東京支社を再開といった動きは少なく、外国人の数が劇的に増えるという可能性はなさそうです。インターナショナルスクールにとって、近年は難しい時代と言えるのかもしれません。

一日の過ごし方

インターナショナルスクールの朝は比較的早く、幼稚園でも八時台から始まります。小学生の子どもたちの送り迎えをする親は多いですし、スクールバスがある場合には、幼稚園だけ別途に扱うわけにはいかないので、全員一緒にスタートを切るのが学校にとっても親にとっても好都合なのです。

日本の学校では授業の前後にチャイムが鳴るのが常識ですが、インターナショナルスクールではそうとは限りません。チャイムが鳴るところもあれば、チャイムそのものが存在しない学校もあります。

日本の「朝礼」にあたるものは「アッセンブリー」と呼ばれます。必ずしも朝一番に行われる、毎日行われるというわけではなく、不定期に行う学校も見られます。キリスト教系の学校では、一日の開始時にお祈りの時間を設けているところもあります。

校門脇に並ぶスクールバス

校庭が小さい場合、身体のサイズが大きく異なる生徒たちを大勢で一斉に遊ばせてしまっては危険なので、屋上に遊べるスペースを作る、休み時間を学年ごとにずらすといった配慮をしています。カフェテリアも同様で、学年ごとに使う時間をずらすことによって混雑を緩和しています。つまり、小学校・中学校が同じ校内にあったとしても、学年に応じて、「一時間目は○時○分から△時△分まで」「◎時◎分から一五分の休み」「お昼ご飯は☆時から」と、異なる時間割をとっているということです。チャイムが鳴らない理由はこのあたりの事情と関連しているのです。

スクールバスが運行される学校に通っていても、バスに乗る乗らないは自由に選択できますし、バス代は学費とは別に請求されるシステムです。各バスには「バスモニター」と呼ばれるお世話焼き係が乗車して、生徒たちの安全を守り、トラブルに対応してくれます。バスモニターは大人（保護者）とは限らず、高校生に手当を支払って担当させている学校もあります。モニターは皆厳選された人材で、救急の処置法など、必要とされる訓練を受けています。

幼稚園でも下校時間は午後二時過ぎ、小学校低学年であっても三時過ぎ、その後に長時間バスに揺られて帰宅というケースが圧倒的です。「インターナショナルスクール＝体力的にきつい学校」といえるかもしれません。

日本語が堪能ではない生徒は、学校外では稽古事を習う機会に恵まれないので、どの学校も放課後に文系や運動系の同好会的な活動の場を提供しています。ボランティア活動の機会も同様です。運動部も設けられています。

インターナショナルスクールは、大学全入を原則にかかげる進学校です。生徒たちには、低学年のころからたっぷり宿題が出されます。塾に通うという習慣はありませんが、中高生ともなると、受験を控えた日本の学校の生徒たちに負けず劣らずといった量の勉強を強いられ、毎晩遅くまで机に縛りつけられます。

学校での日本文化体験

「インターナショナルスクールに通学していると、日本の文化から完全に切り離されてしまうのではないか」と心配される方がいらっしゃいますが、それは杞憂です。日本語教育を始め、様々な文化体験を織り込むように、各学校とも工夫を凝らしています。

どのインターナショナルスクールでも、日本語の教育が行われています。能力によってレベル分けがされますので、日本語のクラスに関しては、まったくの外国人と日本人家庭出身の日本人の生徒が一緒に学ぶということにはなりません。基本的にどの学校も「日本人の生徒は必ずネイティブレベルに在籍のこと」という条件をつけています。もちろん、海外から途中転入する生徒には例外的処置も与えられます。

音楽の授業の一環として、和太鼓やお琴を必修として学ばせる学校もありますし、日本語の授業で百人一首やお習字を教える、自前の茶室で茶道の心得を指導するところもあります。さすがに百人一首は上級クラスのみで行われるようですが、茶道は英語でも学べますし、お習字は平仮名や簡単な漢字を選べばできますから、どの生徒でもある程度のレベルまでは到達できます。お正月明けに学校に行ったら、廊下一面に生徒たちの書き初めが張り巡らされていた、という風景は特別珍しいものではありません。

授業以外でも、和太鼓、琴、狂言、日舞やお相撲のクラブを備えている学校も存在します。

そのような期間を設定してのまとまった活動のほかにも、お餅つき、節分、雛祭り、端午の節句、お月見といったイベントを用意して生徒たちに経験させたりします。中高生レベルになると、プロの狂言師や歌舞伎俳優を学校に招待し、ワークショップを通して伝統芸能に触れるといった試みを企画する学校もみられます。

日本の学校と姉妹校の関係を結んでいれば、双方の学校が訪問し合い、給食やカフェテリアのテーブルを一緒に囲むといった体験を楽しみます。姉妹校同士で一、二泊ほどのホームステイを経験するプログラム、紙すき、田植え・稲刈り、蕎麦打ちといった、日本の学校ですらなかなか経験できそうもない企画を組む学校もあります。

各学校とも、中学・高校ではいわゆる修学旅行実施しています。箱根や京都・奈良といった観光地のほか、広島も人気の高い旅行先です。保護者の中には「多国籍の思春期世代が広島を訪れる」ことに不安を示す方もいらっしゃいますが、子どもたちが感情をぶつけ合うといった衝撃的な出来事はまず起こりません。むしろ、皆が当時の自国や他国の立場を想い、神妙に考えるといった、かけがいのない機会が持てるようです。いくつかの旅行プランを用意して、生徒に好きに選ばせるというシステムをとっている高校もあります。希望者のみの限定で、東日本大震災のがれき処理ボランティア旅行を行った学校もありました。

保護者を対象に、書道、茶道、着物の着付、和太鼓といったお稽古事を定期的に開催する学校もあり、インターナショナルスクールでの日本文化体験は、実はなかなか豊富なのです。

私んちの場合①

算数くらいみてやれるはずが

子どもをインターナショナルスクールに入れようと考え始めた際、しばし頭の中にくすぶり続けたのは、「勉強をみてやらなければならなくなったときに、果たして教えられるだろうか」ということでした。私自身、高校と大学こそアメリカで通いましたが、欧米式の初等教育中等教育は未知の世界。夫も元留学生でしたが、こちらは修士号の取得。う〜んどうかな、といったところ。

インターナショナルスクールの教育理念には十分共鳴するけれど、今ひとつ不安を払拭し切れないでいた夫に「理科なんて日本語でだって教えられないんだからさ」と逆ギレっぽい反論を唱えながら、「困った時がきたらそのとき考えればいいよ、算数くらいなら自分たちで教えられるだろうし」と結論づけ、子どもらを入学させてしまったのはこの私です。

それでどうなったかといえば、困った時がきました、案外すぐに。

算数がわからない……親たちも怪しい……。

「言葉の壁は低いはずだから、算数や数学ならばほいほい教えられるだろう」、との予想は甘かったですね。小学校二年生程度のレベルであっさり裏切られてしまいました。欧米と日本では計算式の組み立て方や考えるアプローチが結構違うのです。だから、日本の学校でのやり方しか理解していない親が手を差し伸べても、すぐさま結果を出すのは難しい。親が違いを認識し、対応できなければいけないのですが、それには英語力よりも数学のセンスが求められるのです。用語や言い方の違いだって軽視できません。分数を英語で表す場合、例えば「七分の三」と言う際は、「スリーオバーセブン」と、分子を先に分母を後に呼ぶのです。英語で数学を学んで以来ン十年経っているこちらとしては、わかっていても口がついて行かないという悲しさ。こういった些細な違いはあちこちに点在するのですから、まあその面倒くささといったら。

幸い夫は「数学超得意人間」でしたので、じっくり研究を続けた結果、子どもたちが学校で教わってくる特異な計算法やアプローチを理解できるようになりました。けれども困ったのは教える時間を探すこと。帰宅時間が不規則な親が、早い時間に就寝する子どもにいつ教えるかというのは、終始問題でした。眠たい子どもに勉強しろと言うのは、無理な要求ですからね。翻って、夕方からずっと家にいる母親はろくに役に立たないという……。

「親の意見なんぞ聞いてやるものか」といった反抗期に突入してしまうと、こちらは完全にお手上げでした。口を挟んだところで、なじり合いに発展するのがオチでしたから。

周囲からの助言もあり、子どもたちには家庭教師をつけることにしました。依頼したのは学校の学習内容に沿って英語で教えてくれる方ではなく、普通の日本の子どもたちの相手をされる方でした。この方にお願いしたのは、「母語である日本語を強化させることで、思考の組み立てを確立させる」という趣旨で、日本語と算数／数学一般を教えていただくのが最も効果的である、と納得したからです。子どもたちは二人とも、中学を終えるまでの長い間みっちり鍛えていただきました。

英語で学んだ他の教科はどうだったかと言うと、つまるところ親は誠に非力でした。幸い子どもたちが通っていた学校には、先生が生徒を追っかけ回すといった風潮がありましたので、二人ともしつこく追っかけ回していただきました。やれやれ、ありがたかったですねえ。

第2章　入るための準備いろいろ

まずは家族の同意を

インターナショナルスクールに子どもを通わせるとすれば、どのレベルからスタートさせますか？　プリスクールでしょうか、幼稚園でしょうか？　どのレベルで終わらせますか？　プリスクールのみ、プリスクールと幼稚園のみ？　小学校まで？　中学まで？　高校まで？　大学はどうしますか？　国内で進学、それとも留学？　就職についてのビジョンはどのようなものをお持ちですか？

インターナショナルスクールは誠に特殊な環境で、日本で育った日本人にはサプライズの連続といった学校です。それらの特異な経験を受け止め、乗り越える際に必要な対応力は、個々によって大きく異なります。

インターナショナルスクールを単なる「英語がうまくなる学校」、と思ってしまっては勘違いというものです。在籍する限りずっと、「多文化とのお付き合い」という大きな副産物が付きまとうからです。「多文化とのお付き合い」とは「こんな具合でよろしゅうございますか？」との確認だらけだったかと思うと、「先制攻撃をくらわせますわよ」だったり、「黙っていたあなたの負けです」だったりです。想定外の出来事が続けば、「ああぐったり」「参っちゃうなあ」と泣きが入ることも。無理だとわかっていても、「阿吽の呼吸で察知し合いましょうよ」なんて甘えを通したくなることだってあります。ですから、精神的負担、肉体的負担、経済的負担、どれをとってもそれなりに大変、と覚悟しておいてほしいところです。長く在籍するつもりであれば、「こんなはずではなかった」と後悔しないよう、事前に家族間できちんとした見通しを立てておきましょう。

最近は日本の中学校高等学校にも「国際科」といったセクションが設立され、インターナショナルスクール在籍者の進学先がぐっと増えました。インターナショナル・バカロレアコース（二三九ページを参照）を併設している高校もあります。多数の大学も門戸を開いています。「初等教育のみをインターナショナルスクールで受けさせ、後は日本の学校で」という案も決して悪くはありません。

「子どもが幼いうちにすべての方針を決定しておくべき」とは頑なすぎでしょう。その考えには賛同しません。世の中いろいろ事情も変わりますし、成長すれば子ども自身の意志も尊重する必要に迫られます。ただし、親の方針が劇的に二転三転してしまっては、子どもは大いに迷惑してしまいますので、入学を考慮するにあたり、ある程度の指針は作っておくようおすすめします。

当たり前のことですが、学校探しはぜひ慎重に。「インターナショナルスクールはどこも同じ」と思ったら大間違いです。地域によっては選択肢がいくつもありますから、各学校を調べて比較研究しないともったいない。選択肢がひとつしかないケースであれば、本当にその学校で満足なのか、冷静に時間をかけて考えることが大切です。「インターナショナルスクールに通わせたい」との希望が強すぎると、良い点ばかりに注目し、好ましくない発見に目をつむってしまうといった事態を起こしかねないので要注意です。

情報は書籍やインターネットから集めることができます。けれど百聞は一見にしかず。学校見学もするべきでしょう。バザーなどといった一般に公開されるイベントのときには、遠慮なく学内を歩き回ることができます。学校の印象はどうでしょうか。設備の充実度はいかがですか。在校生や卒業生本人たちやその家族と知り合いになれたら、その方たちからどしどしナマの声を聞けます。体験談は貴重ですから、可能な限りたくさん聞くべきです。漠然としか抱けなかったイメージが、徐々に鮮明になっていくはずです。一見同じに見えるインターナショナルスクールですが、よく調べると、各校に長所短所があり、決して一様ではない、と納得されるはずです。

プリスクールのみを経験させるといった場合はともかく、幼稚園・小学校・それ以降と長期間インターナショナルスクールに通わせるのであれば、夫婦間で「この子はやって行けそうか、自分たちは子どもを支えていけそうか」という議論を重ねておくことは必須です。そのあたりをあやふやにしてしまっては、後々面倒が起こりかねません。在学中に何かトラブルが生じた際、「私は反対だったのに、あなたがどうしてもと強引にこの子を入学させたのだ」と夫婦喧嘩を始めてしまっては、問題解決はおろか、今後の家族間の調和すら危ぶまれてしまいます。子どもの送り迎えをおじいちゃまやおばあちゃまにもお願いするつもりならば、事前に彼らにも納得しておいていただくことをおすすめします。

受験準備

インターナショナルスクールの受験は、概ね以下のような段取りで行われます。

・情報及び願書はコンピューターからダウンロード
・秋に願書と必要書類（国籍を証明するものを含む）の提出
・冬に考査と親子面接
・数週間後に合否の通知

毎年インターナショナルスクールの「日本人枠」宛には膨大な願書が届き、競争率はすごい、という噂は耳にします。けれど膨大な数を「それなり」の数まで狭めた後、似たり寄ったりの条件の受験者たちをどう選別するのかといった細かい点は不明・非公開です。

多くの学校では、「在校生の弟・妹」「卒業生及び過去の在校生の息子・娘」を優先的に入学させると明言しています。それは致し方ないとご理解ください。けれど、これはあくまでも「優先」であり、「保証」ではないということも合わせて理解しておくべきでしょう。

世間にはインターナショナルスクールについての出版物やネットの書き込みが出回っていて、中には合格のために必要な条件が紹介されているものもあります。それらはおおよそ以下のようにまとめられます。

どのレベルでの入学考査であれ、年齢相応の社会性、協調性があるか、英語でコミュニケーションがとれるか、母語が身についているか、という点が問われます。英語ではなく母語です。人間は誰しも母語を軸にして考え行動するという基本姿勢がある以上、まずは母語を身につけるべきである、というのが世界的な共通認識だからです。プリスクールや幼稚園の入試を前にして、英語である程度のやりとりができるのは好ましいことですが、母語が英語と同じレベルではまずいと判断されます。アルファベットが全部完璧に書け、ゼロから百までの数を英語ですらすら復唱できることはプラス評価にはなるのでしょうが、合格への近道ではなさそうです。

母語を身につけるとは、日本人であるならば普通に日本語でしゃべり、遊ぶことですね。本の読み聞かせもテレビやＤＶＤの鑑賞についても同様です。

多くの学校では、「最低でも片方の親は英語に堪能であること」との条件をつけています。この「堪能」がどの程度を意味するのかは、わからないところです。入学考査にあたっての親の面接では、特別に難解な質問が用意されているわけではないので、過度に心配する必要はないでしょう。ご夫婦ともに「自然体と平常心」で臨めば大丈夫。面接する側はその道のプロなのですから、例えご夫婦で多少トーンの合わない返答をしてしまっても、文法がちょいと狂った英語を発しても、それがストレートに不合格との判定につながるとは想像しにくいです。自然体でいるのが一番です。

学校が嫌うのは「極端に偏った思考を持つ親」であろうというのが、過去に子どもたちをインターナショナルスクールに通わせた保護者たちの見解です。極端に偏った思考とは、例えば「英語さえできるようにしていただければ満足ですから、日本語の勉強は一切させなくて結構です」「子どもを将来アメリカで成功させるのが、私たちの唯一の願いです」といった類の考え方です。どちらもフィクションではなく、本当に実在した例です。

親の英語力

世間の方々は「インターナショナルスクールに子どもを通わせる親は皆、英語に堪能なのであろう」「親が英語に堪能でなければ子どもは入れてもらえないのだろう」と想像なさいますが、案外そうとは限りません。「おぼつかなくて自信なさげ」「おぼつかないけれど威風堂々」「そこそこよりちょっと上」「堪能で余裕」「完璧バイリンガル」など、親の英語力はなかなか多様というのが実情です。これは日本人に限らない話です。インターナショナルスクールには、英語が母語ではないヨーロッパ人やアジア人はもちろんのこと、アフリカや中東の方もいらっしゃいます。

「親の英語力はなきゃないで何とかなりますか」という質問は極めて主観的ですから、答えるのは難しいですね。「そうでもあり、そうでもない」としか返答できません。しかし本音を言うと、「あったほうがいいに限る」です。

親の英語力に対する期待度は学校によって違うでしょうから、一概に「この程度あれば大丈夫」という基準を示すことは難しいです。「英検○級」「TOEFL・TOEIC○○点」といったテスト結果は、会話力やコミュニケーション力を反映しないものです。

英語は聞く・話すだけができれば十分というわけではありません。学校からは書面での情報（近年はプリントアウトされたものよりネット上で読ませる場合が圧倒的に多い）がたくさん届きますから、読解力も極めて大切です。入学してすぐの時期であれば、「同級生のママの○○さんに確認すれば大丈夫」という甘えも許されましょうが、初歩的な理解のままであぐらをかき続けてしまっては、周囲のお仲間に迷惑がられてしまいますよね。

先生との連絡も保護者同士の連絡もメールでのやりとりが主流ですから、英語を書く力も大切です。「メールを書かなきゃいけないの？」と困惑されるのかもしれません。けれど、実は電話で対応するよりメールのほうがずっと気が楽なのです。電話を通しての聞き取りは結構難しいし、返答にはタイミングという時間制限もついています。ゆっくり時間をかけられるメールは、電話よりはるかにありがたい手段なのです。

親の語学力が最も必要とされる機会は、先生との面談と「お呼び出し」のふたつです。

どこの学校も、年に二、三度、面談日を設けます。子どもを加えての三者面談を行う場合もあります。日本語の先生と話す以外では、すべて英語で行われます。先生たちはプロですから、英語力に難ありの親に対して早口でまくし立てるようなことはまずしません。こちらの理解度を探りながら、ゆっくりとわかりやすい言葉で説明してくれるはずです。面談の内容は成績表の中身と決まっているのですから、事前に予習しておけば気楽に臨めるはずです。

内容の深刻さと緊急性にもよりますが、呼び出しには「夫婦揃って」と学校は要求してきます。コミュニケーション能力の優劣はさておき、夫婦で直面するのが道理というものです。

問題が大きい場合、学校関係者を交えた当事者同士の話し合いが複雑なものになってしまうのは当然です。そのような状況においては、会話の中の細かいニュアンスを拾うことができるのならば拾えただけ、ストレスの少ない協議が持てるものです。「通訳してくれる友人を誰か連れていけばどうにかなるだろう」という見解は、少々甘いのかもしれません。その人の能力次第で、協議の内容がずれていってしまうリスクがありますからね。言葉というのは恐ろしいもので、ちょっとの違いでニュアンスががらりと変化してしまいます。単純な例をあげれば、「あの人はデブだ」「あの人は太っている」「あの人はふくよかだ」といった違いです。友人を通訳として同席させたとしても、プロのような仕事は望めませんし、発せられる英語を聞きながら、「そのニュアンスは違っていて、私が協調したいのは○○という点です」と軌道修正ができればよいのですが、そうでなければちょっと不安でしょう。

子どもを長い期間インターナショナルスクールに通わせるつもりであっても、自分の英語力に自信が持てないのであれば、入る前からでも入った後からでも、何かしらの方法で英語の勉強をするべきでしょう。「留学生ではなかったから」「もともと不器用だから」「歳を取りすぎているから」といった言い訳をせず、他の方と自分を比較したりもせず、「君も頑張れ、ママも／パパも頑張るぞ！」の心意気をぜひお子さんに見せてほしいものです。

プリスクール探し

一般の日本人には不慣れな用語のひとつが「プリスクール」です。「保育園」と呼ばれたり、「幼稚園」と訳されたり、「じゃあ、キンダーガーテンとはどう違うの？」と疑問を持たれる、少々わかりづらい用語です。

欧米の学校制度において幼稚園はキンダーガーテンと呼ばれ、日本で言う「年長組」の一年制のプログラムを指します。小学校に入る前の足慣らしとしての一年と見なされています。それよりの前の、いわゆる「年少組」「年中組」は、「プリスクール」という名称で呼ばれ、制度上は分けられています。「制度上」と称したのは、学校によっては幼稚園と続きの複数年制にしてしまい、「K3（ケイスリー）」「K4（ケイフォー）」と呼ぶこともありうるからです。数字は年齢を表します。この呼び方を使用する場合、キンダーガーテンは「K5（ケイファイブ）」という名称でよばれます。

日本国内にはインターナショナル系のプリスクールがたくさん設立されています。一歳半や二歳から入学できるところ、「おむつが取れている」との条件がついているところ、半日プログラムと全日プログラムとふたつの選択肢を設けているところ、週に二日・三日・五日と通う日を選択できるところ、とメニューは多様です。全日といっても、大方は午後二時や三時に終了します。プリスクールの子どもをひろった後、すんなりとほかのきょうだいのお迎えに間に合うよう、近隣のインターナショナルスクールの時間割を意識して下校時間を設定したい、という事情があるようです。朝八時半といった早い時間に始まるのも、同様の理由です。

上の学校とつながっている「付属校」のプリスクールは、その後その学校に入学が可能なケースがほとんどですから、必然的に入学考査には熾烈な競争が待っています。プリスクールのみの単独校でも人気が高ければそれなりの競争が起こりますが、付属校のような大変さはありません。

生徒獲得の競争が激しいプリスクールは、独自の方針を立て、「他校との違い」を実践しなければ生き残れないという事情があります。「勉強優先」「勉強よりも遊び」「バイリンガル」など、学校によって方針は多種多様です。後で後悔しないよう、申し込む側はウェブサイトなどで集めた情報を鵜呑みにするだけではなく、可能な限り多面的に検証するのが賢明です。プリスクールの子どもたちが公園で遊ぶ姿を眺めるだけでも、何かしらヒントを得られるのかもしれません。ウェブサイト上に掲載されている情報でも、実際に問い合わせてみると、「数年前はそうでしたが、今現在はこの活動は行っていません」といった返答をされる場合もあるようですから、時間をかけて調べることをおすすめします。

送り迎えは毎日のことですから、プリスクール探しにおいて、ロケーションという要素は重要です。複数の子どもが別々の学校に通っている場合、親はどうしても下の子を上の子の学校の近くにあるプリスクールに入れたくなるものです。道路事情や駐車の便利さ不便さも大きな関心事ですし、登校・下校時間も気になります。

そして大切なポイント……得てして世の中には「○○プリスクールに入れておけば、△△インターナショナルスクールの受験に有利だ」といった噂が存在するものです。こういった情報も検証しておきましょう。「そのような事実はありません」との返答が返ってくると心しておくのが無難です。

「プリスクールにいつから通わせるか」という質問には、「個人差による」としか答えられません。外国人の顔を怖がる子もいれば、外国語に対して警戒心を抱く子もいます。無理矢理プリスクール送り込んだ挙げ句、「英語なんて大嫌い！」という拒否反応を招いてしまっては、取り返しのつかない結果になってしまいます。実際、子どもの英語の習得に対し、親が過剰といえるほどの執着を持ってしまうと、「自分とママ（とパパ）を引き裂く邪魔物は英語だ」と勘違いしてしまう子どもも現れます。もしくは、「英語さえしゃべれば、絶対的にママ(とパパ)に賞賛される」と認識してしまいかねません。両方のケースとも、ひどく残念な精神的なゆがみといえます。

入ってくる情報に一喜一憂することなく、プリスクール選びも入学する時期も、じっくりと検討してください。

お受験塾 vs プリスクール

「子どもをインターナショナルスクールに通わせたい」と考えるご家族は、経済的にそれなりの余裕がおありでしょうから、私立の学校に入れるとの選択肢も持たれていても当然でしょう。「インターナショナルスクールに不合格だった場合は、私立の学校に進ませたい」と望まれる方も多いと想像します。それはごく自然な考え方であると思います。

では子どもにどのような準備をさせるか、というのが課題になります。「両方のケースを想定して両方を準備させる」というのは実は容易ではないからです。「子どもの順応性は驚くほど高い」と言われてはいるものの、それは誰にもどんなケースにも当てはまる、というわけではありませんね。私学合格のためのいわゆるお受験塾と、プリスクールの両方に通わせるというのは、幼い子どもにとって結構な精神的負担になるものです。

お受験塾での指導は厳しいものです。勉強だけではなく、服装や言葉遣い、挨拶といった行儀作法も日々細かくチェックされ、改めるまで繰り返し指導されます。お受験塾は入学試験に合格させるという強い使命があるのですから、仕方ありませんね。親や子どもに反論する余地はないという張り詰めた空気は、幼心にも伝わるはずです。翻ってプリスクールには切迫感はなく、ゆったりとした構えです。行儀作法は遙かに緩やかですし、「ピンクの葉っぱ」「青いお日様」といった自由なお絵描きも許容されます。服装もまったく自由な上、お弁当と一緒にジュースやスナック類を持って行くことすらOKです。インターナショナルスクールの付属ではないプリスクールであれば、子どもと親は学校にとってクライアントといった感覚の存在ですらあります。そのような環境では、送り迎えのお母さんたちの態度にもゆとりがみられるでしょう。お受験塾とプリスクールの二者を比較して、これら一連のギャップは、子どもの目にどう映るのでしょうか。

両方を経験させたことで混乱を来してしまった子どもに対し、「すべてはあなたの将来のためだから」という論法は受け入れてもらうのが難しそうです。

知り合いだったKちゃんは、外では大人しく、家では活発に動き発言するという、内弁慶な性格のお嬢ちゃんでした。「私学か、インターナショナルスクールか」と進学先で悩み続けていたご両親は、さしあたってKちゃんに両方の準備をさせると決めました。月水金は塾に、火木はプリスクールへというスケジュールを組み、Kちゃんを従わせたのでした。その結果……Kちゃんの頭の中は大混乱を起こしてしまいました。Kちゃんには、このふたつの学校の文化的言語的ギャップが「乗り越えられない壁」として立ちはだかったのです。その上、週のうち二日しか通わないプリスクールでは、お友たちを作るのも難しかったとか。年子のお兄ちゃんは、日本の普通の幼稚園に通っていました。それもあって、Kちゃんには英語の学校で苦労させられることには納得がいかなかったようです。なだめすかされながら塾とプリスクールの両方に通い続けたKちゃんでしたが、ストレスは日々高まってしまい、最終的には「英語は嫌い、絶対にしゃべらない」との宣言をし、プリスクール登校拒否という結末を迎えてしまいました。

子どもはひとりひとり感性も家庭環境も違いますから、この時期の教育に関しては、「いろいろ試してみるのがよろしいです」としか結論づけられません。確かなのは、「お受験塾とプリスクールの両立は容易ではない」ということです。

義務教育の放棄

日本人にとって、インターナショナルスクールの小学校中学校に通うとは「義務教育の放棄」とみなされる行為です。親であれば、「子どもに教育を受ける権利を放棄させた」と認識されかねないわけです。子どもをインターナショナルスクールに通わせたいと希望される方は、この点を認識されておくべきでしょう。

「義務教育を受けない」という行為は特殊ではあるものの、「親の転勤で海外暮らしが続き、ずっと現地校に通った」という子どもと同じ状況です。別段、後々の進学や就職といった時点で、取り返しのつかない問題を抱え込むといった事態に発展することはありません。

地元の教育委員会とのやりとりという、特異な点を挙げておきます。新一年生になる日本人の子どもには、入学の前に地元の公立小学校から入学の手続きの書類が届きますね。その公立校に行かないのであれば、代わりに選択した学校の名前を知らせます。その欄に私立や国立の学校名を書いて出しても波風は立ちませんが、インターナショナルスクールの名前を書いて出した際、相手である教育委員会の反応によっては、多少の面倒が起こる可能性があります。

住んでいる区や市の教育委員会から、「どうして義務教育を放棄なさるとお決めになられましたか？」といった質問の電話がくるのです。通わせる側は憲法に書かれた国民の義務を放棄するわけですから、電話の一本くらいは受けても仕方ないでしょう。ましてや放棄するのは新一年生、そう決意したのは当人ではないという事実は明らかです。

こちらとしては、「インターナショナルスクールに通わせたいから通わせる」といった説明しかできないわけですが、それはつまり「日本の文科省認可の学校は選択しない」と表明することになるのです。困るのは、相手の対応や内容が想像つかないという事実。対応は「どこの自治体」「いつの時代」「どの担当者」かによって異なるのです。「ああそうですか」とあっさり片付くケースもある一方、「一度お目にかかってゆっくりお話し合いでも」といった提案を受けてしまう可能性もあります。

例え電話でのやりとりがこじれにこじれ、教育委員会に話し合いを持ちかけられたとしても、その要求に法的な強制力はなく、インターナショナルスクールへの進学を断念させられるといった事態も起こりませんので、心配は無用です。ただ、そこまでこじれてしまっては不愉快というものですね。そうした事態は回避するに限ります。

回避する秘訣は……「のらりくらり」。こちらの論点を声高に繰り返すのではなく、「通わせたいと思うから通わせることに決めました」といったことを、ずるずるゆるゆる繰り返すといった具合。私の周囲ではそういうやり方が多かったですね。

通わせる側には大仰な意思はないけれども、教育委員会側から見れば「国家への反逆」といった、かわいくない行動と映るのです。あちらの立場に立ってみると、それもそうかなと考えることもできますが……。

晴れてインターナショナルスクールに進学が決まった場合は、このような教育委員会とのやりとりが待っているとご承知おきください。

私んちの場合②

敬語を身につけさせる

子どもたちをインターナショナルスクールに通わせるにあたり、うんと幼い頃から、敬語はしっかり身につけさせなくては！」という覚悟を決め、貫いてきました。

上の子がプリスクールに入ったのをきっかけに、「先生の話をする際は必ず尊敬語を使う」というポリシーを作り、頑固に守りました。「先生が来た」ではなく「いらっしゃった」、「言った」ではなく「おっしゃった」という具合です。親は一貫してそうしゃべり、子どもにもしつこく強要しました。相手は幼い子どもでしたから、徐々に尊敬語を使う対象を増やしていっても、無理なくついてきました。下の子も苦労なく追従しました。

とある賢い先輩ママから教わった、「幼いころからの刷り込み」という作戦です。おかげですんなりと成果を上げることができました。やはり幼いうちから始めるのが大切ですよね。ある程度大きくなった子に「ではこれから敬語を」と押しつけても、子どもは「敬語＝異物」と認識しがちです。いったん異物と認識したものから異物感を除去するのには、結構な手間ひまを要するものです。

この「異物感」という感覚を思うに、昔経験したピアノの練習の記憶を思い出します。私が子どもだった時代、ピアノを習い始めた生徒は白鍵のみで弾き、「十分ピアノに馴染んだ」という時期になって黒鍵と出会うという流れでした。しかしいざ弾き出すと黒鍵は異物と感じられてしまうわけです。それまでなしでやってきて、「では黒鍵を」と命ぜられても、ややこしい事態に陥ってしまった、という印象ばかりが先立ってしまい、苦手意識を抱いてしまいました。しかし私の子どもたちが使った教本では、七曲目か八曲目ですでに黒鍵が紹介されていました（この教本に限らないそうです）。子どもが抵抗なしに黒鍵を叩くのを眺め、先入観がないというアドバンテージを痛感しました。

日本人である以上、敬語ができなくては恥ずかしいですよね。インターナショナルスクール出身だから下手でかまわないなんて、誰も弁護してはくれません。

子どもたちは多々失敗をしましたし、反抗期のころは反発もしました。二十歳を過ぎた現在、彼らの敬語はそれなりに上達しましたが、決して十分ではありません。成長した分、恥のかき方も大きそうです。

今後もつまずき続けるのでしょうが、それでもくじけることなく日本語を磨き続けてほしいと願っています。

コラム

「インターナショナルスクールには行かせないけれど、英語力は伸ばしてやりたい」という場合の選択肢

この本ではインターナショナルスクールの特異性を取り上げていますが、実際とても特殊なところです。考えあぐねた末、「通わせたいけれど、子どもは日本の学校へ入れる」という結論を出された方は大変多いと想像します。「でも英語は伸ばしたい、少しでもバイリンガルに近づけたい」と切に願うのは親心ですね。

「好きこそものの上手なれ」と言いますが、最も大切なポイントは、「子どもを英語好きにさせる」ということです。この点さえおさえておけば、本格的な英語の勉強が少々遅くなったとしても、後年十分な成果を上げられると期待することができます。

幼い頃にプリスクールに通わせるのは、そのためのひとつの手段です。英語を好きにさせるのに長けているのは、何と言ってもプリスクールです。本人にどれだけの記

憶が残るかは保証しかねますが、幼稚園の代わりにプリスクール通学を考慮されてはいかがでしょうか。昨今、英語を積極的に教える私立の小学校はいくつもありますから、プリスクール卒業後に、そのような小学校に通わせれば、子どもの英語力アップに期待が持てるはずです。近年では、英語でのインターナショナル・バカロレア（詳しくは二三九ページを参照）のコースを設置している私立高校もあります。カリキュラムについていけるのであれば、その選択肢も期待してもよさそうですね。

どのような英語塾へいつ行き始めるのが妥当かは、「子どもによって違います」としか言えません。当人が外出好きで好奇心旺盛ならばうんと早めでも大丈夫でしょうが、行くのに躊躇する場合は、頃合いを見計らうのが賢明です。

夏に海外のキャンプへ送るという案も、当人が同意するのであれば賛成です。それでもせいぜい小学校の高学年くらいからでしょうか。「兄弟で一緒に」「お友だちと一緒に」であれば精神的な負担もある程度は軽減されますね。「それでは頼り合って英語の習得にならない」と目くじらを立てるより、気持ちを楽にさせてあげるほうをおすすめします。

日本国内にもいくつか夏の選択肢があります。有名なもののひとつは、アメリカンスクール（東京都調布市）で長年続けられている、日本の学校に通う生徒向けの通いのプログラムです。期間は十日間。毎年定員いっぱいの参加者で賑わいます。もうひとつは、千葉県南房総にある、外国人と日本人の子どもが一緒に参加する「南房ディスカバリーキャンプ」。ここも「英語力不問」です。三泊四日と五泊六日のコースがあります。キャンプを運営するご夫婦（アメリカ人と日本人）は、おふたりとも現役を退いたインターナショナルスクールの先生です。

こうしたプログラムは短期間ですし、長時間参加者たちを机にしばりつけておくわけではありませんから、英語の習得に期待を抱き過ぎてはいけないのでしょう。これらも「英語を楽しむ」「英語をしゃべる先生や仲間と一緒に楽しく過ごす」という経験が優先されるとご理解ください。

高校生や大学生になれば、海外のＥＳＬ付きのサマースクールといった選択肢が見つけられます。三～四週間といったプログラムであれば、それなりの成果が上げられるでしょう。

「日本の義務教育を修了させ、高校からＥＳＬ付きの学校に海外留学させる」と考える方もいらっしゃいます。大変賢い計画です。本人が乗り気でさえいれば、との条件は付きますが。本人の同意なしに無理矢理送り込んでも、まともな結果を出せはしないというのは、過去に何百何千という数の先人たちが証明している事実です。

後年、英語の習得に目覚めた時点になって初めて本腰を入れたとしても、手遅れと悲観するのは早計です。一定の年齢を越えれば、発音だけは完璧には至らないでしょう。しかし言葉とは、訛りなしにしゃべれば尊いものではありません。求められているのは品位です。母語であれ外国語であれ、言葉は発する人物の思慮や見識の深浅といった人間性を反映するものであり、訛りの有無で評価されるものではないのです。

第3章 がんばれ、親！

普通の学校の親とインターナショナルスクールの親との違い

インターナショナルスクールに子どもを通わせるとは、日本の学校特有の面倒と関わらずにすむということですが、代償として、インターナショナルスクール特有の面倒を引き受けることになる運命が待ち受けています。

日本の学校特有の面倒とは、例えば親同士子ども同士の「横並び意識」「他人の目を気にする」「出る杭にならない努力」といったものでしょうか。どれも決して侮れません。変に突出した子どもであれば、いじめの対象になる心配が生じますし、大人は言動や服装はもちろんのこと、バッグや車といった持ち物も気になるところです。お弁当の内容も競争の対象になるかもしれません。しかし、「人は人、自分は自分」の意識が強いインターナショナルスクールにおいて、このあたりの心配は大した意味を持ちません。

インターナショナルスクール特有の面倒と言えば、コミュニケーションです。ここでは、「阿吽の呼吸」も「お察しください」も通じないと覚悟することが大前提です。コミュニケーションをおろそかにしていると、ちょっとの出来事が大きな頭痛の種に発展する可能性も生じますから、自分がどうしても主張しておきたい・譲りたくないことは、しかるべきタイミングで明快に表明しておかなくてはいけません。英語が不得手な日本人保護者に寛容な学校もある反面、そうでもない学校もありますから、後者の場合は自力で自衛策を打ち出す必要があります。

そして何より「子どもをバイリンガルに育てる」という面倒が存在します。これを面倒と呼ぶのかどうかは議論が分かれるところでしょうが、経験者として発言することをお許しいただければ、やはり面倒なわけです。なぜかと言えば、九十九パーセント、子どもは継続的な親の後押しなしでは、バイリンガルに育ってはくれないのですから。

プリスクールといったあどけない時期こそ、子どもはすんなり右肩上がりといった感じで英語力を伸ばしていきますが、語彙が拡大するとともにその成長は不安定になります。「あの右肩上がりは何だったの？」と恨みたくなるような、停滞期とも呼べる時期も訪れます。英語の読解力が遅れをとれば、授業内容を理解するという基本が揺らいでしまいますから、必然的に親は、「英語力を向上せよ！」と躍起になりますね。しかし、英語に気を取られすぎてしまうと、日本語がおろそかになってしまうのです。そこで「日本語は最低限でいいことにしよう」と匙を投げてしまうと、子どもは新聞が読めない、自動車教習所の授業についていけない、区役所や病院の申し込み用紙が書き込めない、といった困ったちゃんに育ってしまうこと確実です。

「大人になって恥をかきまくって、これではまずいと反省し、勉強に励む」との流れは間違ってはいませんが、親が「このパターンでよろしいです」と早期に開き直ってしまっては、子どもがかわいそうです。自らの意志で子どもをバイリンガルに育てようと決心したのですから、目的達成のための後押しは、是が非でもやり遂げなければならないでしょう。

親の参加あれこれ

通常の日本の学校がそうであるように、インターナショナルスクールでも、親（特に母親）がボランティアとして借り出される機会が多く存在します。語学力が不可欠なものがある一方、そうでないものも多くありますから、皆さんそのあたりを見極めながら参加します。意欲はあるけれど職業を持っていて時間が割けない、幼い子どもを抱えている、といった事情があれば、気軽に学校へお手伝いに行くのは難しいのかもしれません。無理のない範囲で参加すればよろしいのですから、心配は不要です。そしてボランティア活動以外にも、様々な社交の場も設けられています。

親が招かれるイベントや役目は各学校によって異なりますが、主だったものをいくつかあげてみます。

一　遠足や旅行の随行者

遠足では幼稚園から二年生といったあたりの子どもを、旅行では小学校三、四、五年生あたりの世話をします。イベント前に学校が随行者募集の情報を流し、ボランティアを募ります。

二　読書の手伝い

読書にアシストが必要な生徒と組み、その子の読書の手助けをします（同じ組み合わせで長期プロジェクトになるケースも）。放課後の時間を使います。読書は英語でとは限らず、日本語力強化のために日本語で行うこともあります。

三　発表会の観客

ひと口に発表会といっても、規模の大小やフォーマル度は各々違います。短いものでは、ショーアンドテル（一三六ページを参照）やグループ研究の発表（一三三ページを参照）といったもので、個々の持ち時間は三分から五分程度といったもの。普通の教室内で普通の雰囲気で行います。規模が大きいのは、講堂や体育館で開かれる楽器の演奏会、合唱会やお芝居といったものです。運動会を開催する学校もあります。いずれもお父さんや働くお母さんを意識して、多くの親にとって参加しやすい日付や時間が選択されます。

四　ポットラック

正式には「ポットラックランチ」と呼ばれる、持ち寄りの昼ご飯の会というイベントです。新年度や年度末といった時期に、学年全体もしくはクラス全体でポットラックが開催され、親は一品用意して学校へ届けます（子どもが持参できる場合は、子どもに持たせてもよい）。手製でなくてはいけないといった強制はなく、お店で購入した料理を持ち込むという選択肢も歓迎されます。ポットラックは生徒たちの様子を眺めるだけではなく、親同士や先生たちとの親睦を深める良い機会でもあるので、参加しがいのある行事です。

五　スイーツの作成

学校全体もしくは学年やクラスでの行事のため、カップケーキやクッキーの作成の依頼が舞い込みます。指定された日に学校へ自分で届けるなり、子どもに届けせます。

六　役員

インターナショナルスクールにもＰＴＡという組織は存在し、会長以下様々な委員会が運営されています。ＰＴＡ役員以外にも、クラスマザー、ルームペアレントと呼ばれる、学年・クラスの世話役という役員も選出されます。これらの責務につくには、それなりの英語力と身の軽さが必要です。

七　ファンドレーザー運営・参加

ファンドレーザーとは「資金集め」を意味する言葉です。学校内でのファンドレーザーといえば、バザーで物品を売ったりパーティーを開いたりしてお金を集め、それをＰＴＡ活動や学校施設の拡充の費用に当てるという行為です。バザーは一般公開が原則で、週末に開催されます。日ごろ学校ではお母さんたちばかりが活躍しがちですが、バザーではお父さんたちの参加も大いに目立ちます。ディナーを含むフォーマルなパーティーを開催する学校もあります。そこではオークションやラッフル（くじ）といった形式で、学校宛の寄付金が集められます。

八　お茶の会

学校全体で、もしくはＰＴＡや学年主催でお茶の会が開かれるのは、朝か昼間、子どもたちが学校に行っている間です。学年のはじめに開催するのであれば、転入生のお母さんたちの紹介、学年末であれば、転出するお母さんたちの慰労、というニュアンスを含みます。手が空いていれば、担当の先生たちや教頭・校長先生が合流することもあります。

日本語も伸ばさなければ

当たり前のことで恐縮ですが、英語と日本語って、とんでもなく異質なものですね。英語で一人称単数は「I」ひとつのみですが、日本語には性別や身分地位に分かれ、「一体いくつありゃ気がすむんだ！」と叫びたくなるほどあります。英語は二十六文字しかないのに、これも日本語には「一体いくつありゃ気がすむんだ！」と叫びたくなるほどあります。長年日本で暮らしていても、書けない漢字だらけですし、ごくたまには「何じゃこりゃ？」って目を回すような、見たことも聞いたこともない字を見つけたりします。敬語は敬語で複雑です。英語にも敬語的表現はいくらもありますが、日本語の敬語は単語がまったく違ったりと、英語のそれとは比較にならないほど多様です。手紙の書き方も面倒です。日本人ときたら、季節の話だの天気がどうのって、冒頭やしめくくりにいろいろ書かなきゃ気がすまない人々ですよね。

幼いころから英語に馴染んでいる日本人生徒にとって、このような日本語の複雑さは、もろにやる気を削ぐ要因となります。いつまで経っても親は英語の定冠詞「the」あたりで悶絶し続けるままですけれど、そんな技なんぞとっくに体得ずみのあちらは、「それに比べて日本語の難しさよ」と嘆き、ふて腐れるわけです。

そして、彼らの口からはお決まりの一言が……「いーの、できなくても。私（僕）はどうせインターの子だから」……

いやいや、あなた方は日本人なのですから、それじゃいかんのです。今はそれで逃げ切れても、将来必ず困る日が来るのですよ。

ではどうする？

家庭教師をつけるのはもちろん有効です。おすすめします。可能ならば、日本語をたたき込んでくれる先生を見つけ、たたき込んでいただく。

同様におすすめなのは、子どもが幼いうちに「日本人オンリー集団」の中に突っ込んでしまうという手段。お稽古事であれば、リトルリーグでも合気道でもバレエでも合唱団でも教会でも結構。条件は「日本語で指導する、日本人のための集団」であること。

インターナショナルスクールに通う日本人生徒たちの中には、それなりの学年になっても「少ししか歳が上でない相手にも敬語を使う」という習慣にまったく馴染めない子も存在します。学校外に日本人の友だちがなく、年上のいとこといった親戚もいなければ、そのように育ってしまうのかもしれませんね。

幼いうちに日本人の集団の中に送り込んでしまえば、あまりぎくしゃくすることなく日本的な価値観を身につけられるわけです。始めは多少違和感があっても、幾人か仲間ができれば継続の見込みは期待できるでしょう。そうなれば、自然な形で日本語力アップ！

我が家の場合、上の子の「日本の社会」は、プロテスタントの教会での日曜学校でした。ここで年下の面倒は見させられるわ、年上とは衝突するわ、戦前に教育を受けられたおじい様おばあ様方からは飛び切り美しい日本語で語りかけられるわ、と良いことづくめな経験を積みました。引っ込み思案な下の子は、どう説得しても日本社会に進出の場を広げようとはせず、稽古事も学校内でしか参加しないという始末。無理に押しつけては逆効果と親は断念。けれども、日本人の家庭教師の先生の粘り強いご指導のおかげもあって、この子の日本語もなんとか形になりました。

バイリンガルを育成するというプロセスにおいて、「片方の言語を伸ばすことはもう片方も伸ばすことである」という説が受け入れられています。私も散々先生たちや先輩ママたちに諭され続けて、「ふ～ん、そうかい」と懐疑的なままでしたけれど、長年の経緯を振り返ってみて確かにそうだとと納得しました。片方の言語に対して「受信アンテナ」の感度を上げるという行為は、もう片方のアンテナも引き上げるのですね。たとえそのふたつの言語がまったく異なるスタイルであっても。

「日本人だから駄目」と言うけれど

幼いころ、うちの上の子はお醤油をどぼどぼ白いご飯にかけて食べるのが好きでした……正確を期すと、お醤油をどぼどぼ白いご飯にかけて食べるという行為が好きだったのです。つまり、そうやって親をいらつかせて楽しんでいたのでした。

一部の幼い外国人の子どもはこうやって食べるのです。「マミー、お醤油かけてー」「はーい、どーぞー」って、お母さんは無造作にどぼどぼっとかけちゃうわけです。それをスプーンでぐいぐいっと混ぜて、ご飯がすっかり黒ずんだところで「はい、召し上がれ」と。外国人にしてみれば、塩気がないお肉や卵焼にはお醤油をかけるのだから、白いご飯でも同じでしょ、ということです。

外国人向けの日本文化の案内の本などには、「箸の使い方NG集」みたいなものが必ず載っていて、「箸から箸へ直接食べ物を渡してはいけない」などというのは、皆さん先刻ご存じです。

しかし、「ご飯にお醤油をかけない」というのはなかなか見かけません。ゆえにあまりご存じない。

うちの子は友人の食べ方を真似したかったのです。自分のうちでは未だ遭遇していなかった味を、よその家で、しかもアメリカ人のお宅で教わったのですから、やるっきゃない。まったく無邪気にそうしたいと口にしたところ、「はあああっ？」と、親は予想を遥かに上回る反応を示したわけです。明らかに困惑の表情を見せ、言葉に詰まっている……「しめしめ、一本取ってやった」と、ほくそ笑んだにちがいありません。

時折、思いついたように「ご飯にお醤油をかけて食べたーい」と宣言しました。その都度、「またか」と親は落胆。

「あれはさあ、アメリカの人とかがする食べ方なんだけどさ、日本の子はしないのよ」
「どうして？」
「お行儀悪いってことになってるから」
「どうしてお行儀悪いの？」

「日本ではそういう食べ方はしないの」

「何がいけないの？」

「だから、しないの、ご飯に何か混ぜたりしないの」

「ふりかけはいいのに？」

「そうね」

「ふりかけはいいのに、お醤油は駄目なの？」

「そう」

「じゃあ、どうしてアメリカの人はご飯にお醤油かけて食べていいの？」

「よかないのよ」

「でも食べるじゃない」

「よその家のことは注意できない」

「私も食べたい、注意しないで」

「……」

嗚呼、禁断の味……ストレートにしょっぱいだけだけど、禁断であれば甘くすら感じるのか
……。

「日本の子だから駄目」というのは誠に納得しづらい理論ですね。しかし娘は、叔母さん・伯母さん・お祖母さんに同じ質問を挑んだ結果、全員から同じ理論で諭されました。

もともとお醤油かけご飯がそう好きだったわけではなかったからでしょう。しばらくすると、子どもはこのリクエストを口にしなくなりました。

子どもがインターナショナルスクールに在校中、どの家庭でもちょっとした出来事を巡って、「あなたは日本の子だから駄目なんだってば」というフレーズが親の口から発せられるのですが、その都度子どもは容赦なく反発するというのが、お約束のパターンです。

欧米人やインド人は乳幼児でも耳にピアスをしているのに、それを子どもにせがまれる日本人の親は至って不寛容。返答が「せめて中学生まで待ちなさい」であれば御の字ですね。中には「自分の目の黒いうちは絶対禁止」なんて過激な意見も（たいがいはお父さんです）。子どもにしてみれば、「はあ?-?-?」ですよね。

インターナショナルスクールでは「あぐらをかく」のは男女を問わずごく普通の座り方とみ

なされます。床にぺったり座るという環境であれば（インターナショナルスクールにおいては、珍しくない設定）朝礼だって授業だってあぐらをかいたまま聞いちゃうのアリです。でもそれを学校外の日本人社会でやっちゃったとしたら……。

「私（僕）を普通の日本の常識を持った子に育てたかったのなら、インターなんかに入れなきゃよかったのにねえ」という究極の嫌味は、親の神経に触ること触ること。

慣れるが勝ち

慣れというのはありがたいもので、どんなサプライズやショックであっても、繰り返し経験すれば動揺しなくなるものです。お化け屋敷だって注射針だってそうでしょう。

「珍しいことといろいろあります」のインターナショナルスクールでも、入って五、六年も経てば、たいがいのことには怯まなくなるものです。

入学してすぐに誰しも引きずるサプライズとは、外国から日本に派遣された駐在員家族たちの暮らしぶりです。一等地に二百五十平米から三百平米といったマンションや一軒家を持ち（しかも庭付きだったり！）、買い物に掃除に料理に子守に八面六臂の活躍をするメイドを毎日雇い、長期休暇の度に家族全員で海外旅行をしておきながら（しかも飛行機はビジネスクラス）、「日本での暮らしもいろいろ大変だわ」と言い放たれてしまっては、正直日本側代表団は二の句が継げません。「それじゃあ、子どもは四年生にもなるのだから、たかが五百メートルの通学に送り迎えするのをお止めになったら？」と切り返したら友好関係にひびが入るのは間違いなしですね。口をつぐむに限ります。

それにしても彼らの暮らしぶりはうらやましい。あ〜本当に本当にうらやましい。

平日の夕方、駐在員宅に遊びに行った自分の子どもを引き取りに行くとします。段取りとして、まずは夜ご飯を作っておかなくてはいけませんね。置き去りにしてはまずい子どもがほかにいれば、その子（たち）を連れてお迎えに行きます。小さい子だったら眠くてぐずったり、大きい子だったら今は宿題の途中だのお気に入りのテレビを中断させられるのは勘弁してくれといった文句が言い立てられるのでしょう。それらのメンツを問答無用と強制連行して、目的地へお迎えに出かけます。目指すは自宅より二倍以上はあるご邸宅。迎える奥様は「よろしかったらおあがりになって、冷たいものか温かいものでもいかが？」と余裕で挨拶。キッチンで料理に励むメイドに指図をして、お飲み物が到着。メイドに「子どもたちに解散の時間だと告げて」と頼んだあとでも、引き続き自分はゆったり。「おもちゃで部屋が散らかり放題でしょうから、子どもたちと私とで片付けます」と提案すれば、「大丈夫よ、後でメイドにやらせるから」とにこやかに一蹴。かくてリラックスしっぱなしの奥様としばし社交の後、プレイルーム（子ども部屋の他にこんな部屋があったり！）でお遊び中の子どもを拾い、先ほどのお宅の半分以下といったサイズの自宅に戻るわけです。

どの駐在員家庭も必ずこんな具合ではありませんが、まあ普通にある光景とお考えください。

結論……辛抱しましょう。このような光景に目くじらを立てていては、インターナショナルスクールの保護者はつとまりません。幼き我が子に「いいなあ、あのおうち、僕たちもあんなのに引っ越そうよ」なんて言われた暁には血圧が一気に三百くらいまで上昇してしまいそうですが、それも我慢。だって、「メイド付きの巨大ご邸宅訪問」を幾度も繰り返していると、いずれ感覚が麻痺し、なーんにも感じなくなる日が訪れるのです。

この状況でストレスを溜めまくっていたら、この先外国人との親睦は深められないのでございます。だから、慣れちゃえ！

バースデーパーティーに挑む！

インターナショナルスクール社会に入り込んでの「びっくり」のひとつといえば、子どものバースデーパーティーです。バブル経済華やかりしころは「とーんでもない豪華さ」でしたが、バブルの崩壊・リーマンショックなど、景気の減退を十二分に経験した後の現在では、かなり慎ましやかになりました。それでもなお、日本のスタンダードとは結構違います。

「子どもが幼い時期はパーティーが大きく派手になる」というのは、どこの国でも共通です。けれどインターナショナルスクールの外国人の皆さまは規模が違う。ボウリング場の一角を借り切ってクラス全員で（もしくはクラスの女子だけで・男子だけで）、公立の児童館の体育館を借り切って大勢でボールゲーム、というのが、自宅以外の選択肢の例です。同級生全員（四十名前後）プラスそのきょうだいたちをテーマパークへご招待というのもありました。往復は貸し切りバス。迷子防止策として、多数の大人が動員されました。外で行う場合、中高生を臨時雇いしたり、自分のメイドに他のメイド仲間を連れて来させたりと、パーティー運営に必要な人員を確保するのは必須です。

自宅でパーティーを開く場合は、マジシャンを雇う、風船を膨らませるヘリウムガスのボンベをレンタルするといったお楽しみもあります。家の中にも庭にも大勢の子どもを走りまわらせるだけのスペースがいくらでもありますし、かわいい息子や娘のためにこれをしようあれを呼ぼう、と親は考えるわけです。居間にずらりと寝袋を並べての、「スリープオーバー」と呼ばれるお泊まりも人気です。金曜日の放課後に一斉に招待客が家に集まり、翌朝九時から十時くらいにかけて解散といった趣向です。

外国人の中でも、アメリカの方は特にもてなし上手、企画上手が多いという印象です。懲りに凝った招待状から始まり、ケーキも、汽車ぽっぽ・うさちゃん・コンピューターといったものを作ったり(どぎつい「フードカラーリング」というやつでクリームを着色するという手法ですが、子どもたちには大受け)、「海賊たちの航海」「お姫様たちのティーパーティー」といったテーマをつけたりと、気負わずぱっぱとアイディアを実践します。その上、遊ばせ上手なお父さんが加われば鬼に金棒。小学校低学年の息子のために、家の近所の公園で宝探しを企画した方もいらっしゃいました。公園内にチェックポイントを作って印をつけて置き、それを二人一組に分けた子どもたちに探させ、ゴールへたどり着くと宝物が貰えるという企画です。一番最初にたどり着いた子どもだけが貰えるのではなく、宝物は皆に平等に用意されているという気配りはもちろん当たり前。この企画には、四歳年上のお兄ちゃんと同級生数人が、宝物ハンターたちの安全を確保する「警備員」として雇い入れられていました。

ずばり、バースデーパーティーを開くとは、多くの日本人家族にとって苦戦とも言えるプロジェクトです。「苦戦」より「試練」に近いのか。一般論を述べる無礼をお許しいただけるなら、日本の方は、家は狭い・企画力は乏しい・お父さんは役に立たない、の三重苦……派手にやると言っても予算だって、うーん……それより英語力は大丈夫ですか？

何がどう不都合と感じられても、毎年パーティーをしなくてはいけないのです。やらなきゃ子どもは許しちゃくれませんでしょ。

お友だちを自宅に招待するのは子どもにとって嬉しく誇らしい経験ですよね。一緒にわいわい遊ぶのが最大の目的なのですから、多少スペースが狭くても、たとえ目玉企画が思いつかなくても、気にせず自宅に招待してしまえ、というのが経験者たちの見解です。

大勢を招待するのも大変ですが、たくさんのパーティーに招待されるのも大変です。そこで喜ばれるのは「ジョイントパーティー」。誕生日が近い仲間同士が二、三人で一緒にひとつのパーティーを開くという作戦です。主催側の労力は軽減されるは、招待される側も日付のやりくりやプレゼントを買う手間が楽だわ、と良いことづくめ。

小学校高学年ともなれば、「仲良しの友人を三人だけ厳選して映画とピザとケーキ」といった企画も許され、親の負担はぐっと軽くなります。

負担といえば、プレゼントのお値段ですね。二〇一三年現在、小学生に贈る場合でもプレゼントはひとつ四千円から五千円程度が目安と言われています。洋の東西を問わず、パーティーの主催側は、いわゆる「引き出物」にあたる「お返しのプレゼント」も用意する習慣ですが、こちらはせいぜい一人あたり千円程度。でも人数が多ければそれなりの金額になります。

そのような具合ですから、バースデーパーティーは「開く」というより「挑む」という感覚ですね。

ちょっと真剣にアイデンティティの話

英語と日本語の発達度がいかようであれ、インターナショナルスクールに通うすべての日本人生徒には、共通するひとつの事実が存在します。それは「日本に暮らす日本人」であること。

通常「日本に暮らす日本人」であれば、「日本人である自覚と社会常識を持つ人間」であろうと世間から想像されるわけです。当たり前でしょと言われてしまえばそれまでですが、そういうことですね。けれども、その推測から外れてしまうケースはあり得るわけです。例えば、インターナショナルスクール・カラーばりばりの、いわゆる「なんちゃって日本人」的な少年少女たち。

子どもが長年インターナショナルスクールに通ったとしても、その子は「英語と国際感覚を身につけた日本人」であるわけです。それ以上でもそれ以下でも、ましてや「それ以外」といった存在でもありません。

ごく普通の保護者でしかなかった私が意見をするのははばかられますが、今あげたこの事実を正視し受け入れましょう、と指摘させてください。なぜって、インターナショナルスクールには、このあたりを軽視する方がいらっしゃるのです。

アメリカ的イギリス的といった雰囲気を持ってはいかん、と異議を唱えているのではありません。その類の学校に長く在籍すれば、そのように染まるのはごくごく自然な現象です。皆無であったら逆におかしいでしょう。けれど、その染まるのがその子の中心部にまでも及んでしまってはまずいのです。

「自分は日本人」との自覚を持つ、日本語を自由に使いこなす、日本文化を誇らしいと感じる、日本社会の悪い点も「仕方ないなあ」と許容するのが、日本に暮らす日本人にとって最も自然かつ楽な生き方なわけです。これは世界的に普遍的な考えですね。

つまり、いくつもの言語をマスターするのは素晴らしい、一般の人々とはかけ離れた国際的視野を持つのも素晴らしい、そして自分の法的生物学的位置づけと心が抱くアイデンティティが一致するのが素晴らしい、ということです。

インターナショナルスクールを卒業すれば、それまで一緒につるんでいた「なんちゃって日本人」の仲間たちとはお別れをします。けれども、国内の「国際学部」的な大学に進学しても、海外に留学しても、新しく「なんちゃって日本人」の友人を作り、つるむことも可能です。問題はその後の人生。就職や結婚が待ち受けているのです。子どもを持ったら、普通の日本の学校の保護者になるという可能性だって生まれます。インターナショナルスクールで培われた技術や能力を保持する一方、「なんちゃって」の風合いを薄め、「ちょいと感性は違うけれど普通っぽい日本人」になるのが最も自然ではありませんか？　それを怠り、「インター出身だから特殊です」と自分で壁を築いてしまっては、周囲との文化的な衝突が大きいものになってしまうであろうし、衝突をするたびに「私って何者？」と悩んでしまうでしょう。

アイデンティティの形成は、幼いうちから親が下地をこさえておけば、後年子どもは必ず落ち着くべきところに落ち着く、とベテラン保護者たちは指摘します。友人や自分の経験を通じ、私も大いに納得します。「親が下地をこさえる」がカギです。

途中で去って行った子どもたち

インターナショナルスクールの酸いも甘いも噛み分け、真の意味でそのありがたみを知るまでになるには、親も子も相当な時間を要します。その間忘れてはいけないのは、「インターナショナルスクールに合わない子」も存在するとの事実。単にシャイとか無口といった性格的な理由ではなく、「ついて行けない」でもなく、「そりが合わない」「溶け込まない」という相性の問題で、中途退学というケースが起こり得ます。

「どうして外国人に混ざって英語で勉強をしなきゃいけないのか、納得できない」と本人が冷静に（つまり、一時の反抗心ではなく）打ち出してしまっては、その時点でほぼアウトです。なぜってそれは「この環境はいやだ」という意思表示なのですから。その返答が「それがあなたの将来のためだから」と言い続けても、受け入れしてもらうのは無理そうです。

ひと口に英語で学業を行うと言っても、親の海外転勤に同行した子どもと自国で暮らす子どもでは条件が違います。移転先の言語を理解し、文化に馴染まないことには生活が成り立たないといった場合、プリスクールや幼稚園の年齢といった幼児であっても、何らかの心構えが芽生えるのでしょう。翻って、自国で暮らしながらインターナショナルスクールに通う子どもには同様の覚悟はありません。気がつけば、自分は日本に暮らす日本人なのに英語で勉強をさせられている。近所に住む同年代たちとは様子がかなり違う。けれども、家族の会話も、家で見るテレビ番組も、新聞も、親戚の集まりでも、使われているのはすべて日本語。「自分に与えられた運命って何？」と考え込んでしまってもおかしくありませんね。海外転勤族とは違い、彼らには近所の学校へ転校という選択肢も与えられています。

このような条件においては、「英語で勉強するのは平気、インターナショナルスクールが好き」という気持ちが維持できなくなったら、前進は難しいのです。

では前進できなくなったら、したくなくなったらどうするか――答えは、途中で退学する。例はいくらもあります。いくつかご紹介しましょう。

■Cちゃんのケース　K5（幼稚園の年長組）の三月で自主退学

　Cちゃんは身体が大きく体力もあり、行動もおしゃべりも積極的で、どのようなタイプの学校に進んでも上手に立ち居振る舞えるといった印象の女の子でした。家の近くのプリスクールに通った後、あるインターナショナルスクールのK5に合格、片道1時間弱の通学のなんのその、喜々として通い出しました。しかし数カ月経つとCちゃんは、「家の近所に住むお友だちと一緒の学校に通いたい」と主張し始めました。現在通っているインターナショナルスクールは好きだけれど、自分はランドセルを背負って小学校に通いたいと言い張り、引き下がらないのです。ご両親は困り果ててしまいましたが、「この子の人生はこの子のもの」と納得され、「せっかく入ったインターナショナルスクールだから、K5の一年はきちんと修了して、九月から地元の学校へ」という妥協案を示し、Cちゃんもそれに同意しました。

　しかし幼稚園は異論を唱えました。「日本の小学校に入れるのなら、九月まで待たせるべきではない、ぜひ入学式を経験させてあげるべき、真新しい気持ちのお友だちと真新しい気持ちで出会うべき」との返答。確かに、子どもにとって入学式は大変に晴れがましい行事ですし、何も秋まで待って転校生の苦労を味わわせる必要もないのですよね。かくてCちゃんは三月末をもって退学し、近所の小学校へ入学しました。

■J君のケース　三年生で自主退学

大学教授だったJ君のお父さんは、子どもはインターナショナルスクールに通わせるとの方針を立て、幼い頃から熱心に指導して来ました。自宅の近所の普通の幼稚園の年中組に通った後、J君はあるインターナショナルスクールのK5に合格、新しい世界に足を踏み入れました。しかし三年生になったころからJ君は徐々に寡黙になり、成績は低迷。教室での勉強は身につかず、遊びにも気乗りしなくなってしまいました。いじめを受けたといった経験もないけれど、本人は「この学校は自分の居場所ではない」と思っている様子。学校は「これではJ君が駄目になってしまう」とご両親に進言、J君を公立の小学校に転校させるとの結論に至りました。

■Hちゃんのケース　四年生で自主退学

数年間のプリスクール経験を経てインターナショナルスクールに入学したHちゃんはちょっとのんびりとした子でしたが、楽しく学校生活を送っていました。変化が見られたのは四年生の半ば頃。学校にいる間、ずっと爪を噛み続けるようになりました。家ではしませんでしたし、成績の低下もいじめもなかったので、担任の先生から知らされるまで、ご両親は全然気づきませんでした。しばらくするとHちゃんの爪を噛むという行為はエスカレートし始め、指先のいくつかは血染めといった状態に。先生たちや専門家と一緒に話し合いを続けても、ストレスの具体的な原因はつかめません。ご両親の友人のすすめで、「六月中旬から七月限定（インターナショナルスクールは既に夏休み）との条件で近所の公立学校へ通わせてみたところ、Hちゃんはすっかりそこが気に入ってしまいました。そのまま、ご両親は彼女を公立の小学校へ転校させました。

「せっかく入ったのだから、辞めさせるのはもったいない」という声は、必ず聞かれます。けれどだからといって子どもに無理を強いるのは、賢い選択とは思えません。現に、新天地で活動を始めた子どもたちは、驚くほどのスピードで落ち着きを取り戻すことは、広く知られています。親は「子どもをインターナショナルスクールに入れる勇気」だけでなく、「辞めさせる勇気」も兼ね備えておく必要があるのです。

私んちの場合③

担任をリクエスト

どの世界においてもどの世代においても、個人と個人の相性というものは大切ですよね。大人だって「やる気を引き出してくれる上司」に巡り逢いたいと願うわけですから、子どもだってそうでしょう。教育熱心な親であれば、自分の子どもは相性の良い先生に当たってほしいと願うのは当然です。

私の子どもたちが通っていたインターナショナルスクールの小学部では、「翌年の担任の先生をリクエストする」という行為が認められています。

毎春、「来年の○年生の担任はミスター△△とミセス◎◎とミス□□（二人の場合もあり）」といった情報が流れます。強い希望がある場合、保護者は「担任リクエスト願い」なる手紙を教頭先生に提出します。「これこれこういった懸念を抱いていますので、うちの子どもは△△先生にご指導いただきたい」といった内容です。リクエストはあくまでも「お願い」であり、どんなに早い時期に提出されても、約束してもらえるわけではありません。学校は「リクエストの手紙を受け取りました」とだけ返答します。実際、クラス分けには人数を揃えるのはもちろんのこと、人種や性別のバランスをとる必要性も関わってきますので、気軽にリクエストに応じるわけにはいかないのです。

私には「超気合の入りづらい子」というのがいましたので、四年生、五年生と、このリクエスト制度を活用しました。二度とも、「ねちっこく背中を押し続けてくれるタイプの先生」と組ませてもらいたいとのお願いを提出しました。結果は大いに満足。希望通り、一年中ねちっこく背中を押し続けていただきました。

人間同士の相性って予想しづらいものですね。「気乗りしない先生だったのに、一年間大変有意義に過ごせた」というケースも、「噂よりもずっと冴えない先生でがっかりだった」というケースも起こりえます。「先生は素晴らしかったのに、クラス内でトラブルばかり起こってしまい、落ち着かない一年だった」という、泣くに泣けないケースも目撃しました。そう聞いてしまうと、リクエストをしていいのやら悪いのやら、だんだんわからなくなってきます。私の子どもはうまくいき、満足な成果が見られましたが、たまたま幸運なだけだったのかもしれません。

第4章 インターナショナルスクールの「ほう!」

異なる価値観

文化を理解する・してもらうのは、いつも容易ではありません。インターナショナルスクールはいわば「多国籍軍」ですから、物の考え方とらえ方は十人十色、様々です。思ってもいなかった発見にわくわくどきどき驚くこともあるけれど、「それって何よ」とむっとすることだって起こります。寛容であるつもりでも十分ではない、理解したつもりでも甘かったといった経験は、在校中ずっと続くものです。

ある学校で、日本語部門を取り仕切るコーディネーターの役割を担う先生が、保護者会で新任の挨拶をしました。よそのインターナショナルスクールから転職した、もの静かな女性でした。英語での挨拶の冒頭、「この学校に赴任して数週間なので、まだ何もわかっておりませんが」といった表現をしたところ、聞いていた保護者たちは一斉に不快な表情を浮かべました。額面通り受け取った面々が「赴任して数週間経ったのに、まだ何もわかっていないなんて！」と怒る一方、日本的な奥ゆかしさを理解した面々は「インターナショナルスクールに勤めていながら、あんな言い方から卒業できていないなんて！」と不満を抱いたのでした。

残念ながら、「頼りになるリーダー像」を見せ損なってしまったこの先生に同情の余地はありません。この世界にいる以上、「謙遜」とはいつでも必ず肯定的にとらえられるわけではないということを知っていなければまずいのです。自分が現在おかれている状況下で謙遜の意が受け入れられるか否か、口にする前に考えておかなければ。

小学校入学と同時に日本の子どもは大人の付き添いなしに道を歩きますが、それは多くの外国人にとっては驚愕の事実です。「それは心配だ」という反応もあれば、「頭がおかしい！　そんな危険な行為は決して許されるべきではない！」という強い意見も聞かれます。我々日本人がどう思うのであれ、見解の相違とはそういうものなのです。

考えてみてください。宅配業者が荷物を山積させたカートを路上に残したままどこかの建物の中に消え入ってしまうなんて、それで箱一つ盗まれずにすむなんて、諸外国では考えられません。日本はとんでもなく安全な国なのです。

通学の距離と煩雑さにもよりますが、大多数の外国人生徒は最低でも三年生いっぱいくらいまでは大人（親もしくはメイド）が登下校に付き添います。五年生でも親が一緒という例もあります。スクールバスで移動する場合は、バス停と自宅の間を大人が同行します。周囲がそうですから、日本の家庭でも、三年生くらいまでは送り迎えをするという風潮が見られます。

四、五年生くらいまでは、放課後外国人のお友だちを家に招待する際には、「子どもたちだけで帰宅させてかまわないですか、大人が付き添うべきですか」といった打診を相手の親にするべきでしょう。そういった配慮をせずに子どもたちだけで帰宅させると、「あの親は無神経だ」と恨まれてしまう可能性があります。

武器に対する考え方にも繊細さが求められます。あるアメリカ人の家庭がバースデーパーティーを企画した時のことです。テーマ付きパーティーというもので、招待状には「海賊のパーティー」と書いてありました。それは、子どもたちに向かって「お楽しみに！」という意図であったと同時に、親たちに「刀（もちろんおもちゃの）を手にしてのちゃんばらや、宝物の強奪といったアクションを含みます」という、ほのめかしでもあったのでした。つまり、「たとえ無邪気なお遊びであれ、子どもに暴力を連想させる行為をさせるのは好ましくないと判断したら、不参加とお答えください」との、さりげない問いかけだったのです。日本人の親たちがそのような配慮を思いついたかいえば疑問符がつくところ、「たかが子どもの遊びなのだ」と受け流してしまうでしょう。実際、ある日本人の男の子のバースデーパーティーで、おもちゃ箱いっぱいにプラスチック製の銃や剣が用意され、主催のお父さんが幼いゲストたちに向かって「どうぞ好きな武器を選んで！」と誘い、目撃した親たちが眉をつり上げたという出来事もありました。インターナショナルスクールの保護者版「やっちゃった」の一例です。

「おもちゃなんだから、そんなこと気にしなくていいじゃない」と思いますよねえ。でもそれは日本的理屈であって、世界的な常識ではないのです。

「人は人、自分は自分」が基本理念であっても、それは「好き勝手にやらしてもらいます」と勘違いしては的外れというものです。「互いの考えの相違を感じ取り、尊重する能力が求められる」というのがインターナショナルスクール社会なのですから。

どんな服装で過ごしているかというと

インターナショナルスクールには制服の着用を課している学校もありますが、多くは私服で登校させます。

制服であれば、スカートやパンツとブレザーというパターンが主ですが、中には学校のロゴ入りのポロシャツと自前のパンツやスカートといったスタイルを導入している学校もあります。セーラー服は本来、水兵（海軍の兵隊）の制服であり、それをスカートと組み合わせたのは日本のアレンジですから、インターナショナルスクールとは無縁なものです。詰襟の学生服も日本特有で、やはりインターナショナルスクールとは縁がありません。「上履き」「体育館シューズ」「体操服」の指定は、学校によってあったりなかったり、まちまちです。ほとんどの場合、履き物は自由に選べます。

私服の学校に目を向けると、小学校低学年までの女の子であれば、ピンクや赤といった色使いの花柄やフリルいっぱいのスカートやワンピースといったものが目立つでしょう。年齢が上がるにつれ変化していき、中学あたりになれば皆結構プレーンな格好になります。自信がある子だったら、ストレッチのパンツやタンクトップを着たりして、かなり大胆ですね。「自分だけのスタイルを貫く」といったこだわり派であれば、毎日全身真っ黒でキメたり、ロリータファッションだったり、くるぶし丈のコットンドレスなんて服装も。体育の時間に運動するのにふさわしい服装をすれば、他の時間はロリータだってくるぶし丈だって許されます。どのような哲学であれ、「いつも高価なものばかり着る」という生徒はきわめて少数です。特別な機会にぐっとドレスアップすることはあっても、普段はユニクロやＧＡＰといったものをクルクル着回すのが、一般的インターナショナルスクールファッションです。

男の子であれば、幼いころはアニメの柄やスポーツチームのロゴ入りＴシャツといったものが「イケてる」のでしょう。中学高校といった色気づく時期になっても、襟付きのシャツよりやはりＴシャツばかりといった感じです。プロのスポーツチームのシャツはいつの世代にも人気です。ショーツの着用は認められていますから、ちょっとでも暖かい時期であれば、ショーツ姿が幅をきかせます。何かに凝るとしたら、靴なのかもしれません。ナイキのなんとか、といったもの。

どの学校も、「清潔で学生としてふさわしい格好をしなさい」といった指示を明記していま
す。相応しくない格好をし続けた場合は生活指導の先生にとっつかまるというのは、世界共通の習慣です。

あるインターナショナルスクールの小中学校のハンドブックに掲載されている「いけないものリスト」をあげてみましょう。

・教室内での帽子・サングラス
・下品な言葉・性的な言葉・麻薬・酒・タバコについてのメッセージが書いてある衣服
・ぼろぼろの衣服（ファッションであっても）
・切り裂かれている衣服（同）
・踵をとめることができない履物、厚底靴、ハイヒール
・お化粧とアクセサリー（小学生）
・派手なお化粧とアクセサリー（中学生）
・身体のピアス
・その他通学にふさわしくない服装

ここから読み取れるのは、
＊教室外であればサングラス可
＊小学生でも多少のお化粧とアクセサリー可
＊踵をとめられるものであればサンダル可
＊耳のピアス可（鼻も……鼻ピアス文化圏に配慮してなのでしょう）
という事実。日本の学校に比べると、かなり寛大ですね。やっぱり。

いじめは存在するのか

「インターナショナルスクールにはいじめなんて存在しないのでしょうね」といった声は、世間からよく聞こえて来ます。漠然とした印象しか持たないままインターナショナルスクールを美化なさる方は正直多いですし、「人は人、自分は自分」「皆違ってそれでいい」「他文化を尊重しましょう」が原則の学校とご存じの方が「いじめなんて存在しないのだろう」と思い込まれるのは、当然なのかもしれません。

しかし、残念ながら答は「否」です。インターナショナルスクールにもいじめは存在します。近年の動向ではなく、昔からそうです。

気に障るといった存在に対し、ちょっかいを出したくなるのは人間の本質といったものでしょうから、いじめたくなるという気持ちは世の中誰しも持ち合わせる要素だと考えるのが自然です。上から目線の子、空気を読まない子、あり余る体力を使い果たせずにいる子、悪気はないのに言葉が過ぎる子など、子どもの気質も万国共通です。家庭内が落ち着いていない家の子どもは、いじめっ子にもいじめられっ子にもなりやすいものです。

転入・転出が多いというのも、いじめを生む要素のひとつでしょう。転校すると知らされた途端、それまで穏やかでいた子どもが急に荒れ出したという例はいくらもあります。

いじめ問題において最も重要視されるべきは「いじめがあるか否か」ではなく、「どう抑止されているか」「どう処理されるか」です。インターナショナルスクールの対応は甘くはありません。「そのつもりがなくても、こういった行動をすればいじめと見なします」といった、いじめ行為の定義づけをリストにしたポスターを各所に貼り、防止・抑止を促す学校も見られます。

もしいじめの理由が相手の文化や民族性、肌の色といった外見的要素に関わることだったとすると、学校側の対応は非常に厳しくなります。多国籍の人々が集まる集団の中において、「生まれ持った個々の特性・背景」を標的にすることは最も卑劣な行為とみなされ、即座に戒められなければいけないからです。

一九七九年にイランの首都テヘランで起こった「アメリカ大使館人質事件」は、ひどく長期化した上、悲惨な事態が繰り返された事件でした。駐日イラン大使の息子が通っていた西町インターナショナルスクールでは、在校生の多くがアメリカ人であったにも関わらず、生徒も保護者たちも皆平静を保ち、事件の進行中も終結後も、波風ひとつ立たせずやり過ごしたとの記録が残っています。長年培ってきた学校側の厳しい目と細かい配慮が、そのような平静を可能にしたのでしょう。

一学年下げての入学

インターナショナルスクールでは「一学年下げて入学させる」という選択が可能です。

ほとんどの場合、それは子どもをプリスクールに一年多く通わせ、実際の募集年齢より一歳上にさせてキンダーガーテン（幼稚園の年長組）に申し込むという方法です。北米の公立学校や私立学校ではごく普通に行われている手法で、日本のインターナショナルスクールでも取り入れられているのです。多少月齢が上な分、早生まれの生徒でも同級生たちに遅れをとらず、勉強や指示について行くことが容易になります。

ただしどの子どもにも利点があるとは限らないので、ここは要注意です。これはあくまでも精神的もしくは体力的に厳しいといった不利な点が明らかな子どものための策であり、月齢がいくつであれ、不利な点が見られない子どもを一年下げた場合、早熟過ぎて同級生たちとの社交がうまくいかない、学習内容が簡単過ぎてかえって勉強に身が入らない、といった問題が必ず浮上します。それでは子どもにとっては迷惑ですね。インターナショナルスクールの受験担当者はプロの眼で判断するのですから、そのような危険がある受験者を見つけた場合、合格させないとしてもおかしくありません。そのような事態を避けるためにも、「一学年下げての入学」に興味がある家族は、「プリスクールの先生たちと相談するなど、決断は慎重に」と提案されます。

一年下げるという選択は、幼児期限定の策ではありません。他校に転校する、新たに中学や高校に入学するといった時期に、一年留年させる形で行うという方法もあります。「皆についていくだけでも必死」といった余裕の少ない子どもを留年させると見違えたように生き生きとする、という結果が期待できます。

私の子どもは二人とも「一年下げての入学」の経験者です。七月生まれの長女はプリスクールの最終学年を二度繰り返した後に幼稚園へ進み、二月生まれの長男は別々の学校で九年生（日本の中学三年生、アメリカでは高校の一年目にあたる）を二度経験しました。

幼かった長女は親の指示に従っただけでしたが、長男は一四歳になっていましたので、じっくり話し合って留年の計画を持ちかけるつもりでいました。「皆についていくだけで必死」という自覚が明白だったのでしょう。彼が自発的にアメリカの全寮制高校（九年生から十二年生の四年制）へ留学したいと切り出した際、「日本で九年生を終え、アメリカで九年生としてスタートを切る」という条件に、戸惑うことなく同意しました。親元を離れたのにも関わらず、彼はそれまで一切見せたことのない精神的な余裕を持って、二度目の九年生を全うしたのでした。その後ずっと彼が安定した学校生活を送れたのは、このゆとりあるスタートのおかげであったと確信しています。

「人は人、自分は自分」といった姿勢のインターナショナルスクール社会では、一年歳が上だからといって色眼鏡で見られることはなく、いじめが起こることもまずあり得ません。そのおかげで親も子も安心して決断ができます。年齢のずれは自発的に起こるケースばかりではありません。小学校の中ほどになれば、海外からの転校生が転入時に一年学年を下げられることはざらです。中高レベルでは更にそうです。

同級生を指して、「僕たちはお誕生日で八歳になるけれど、○○君は今度九歳になるんだ」などと、子どもたちはくったくなく言い放ちます。横並びが当たり前の日本社会と違い、インターナショナルスクールの子どもたちの思考はまったく自由です。

お昼ご飯の風景

インターナショナルスクールでは、お昼ご飯も例外なく多様です。カフェテリア設備の有無もランチの内容も値段も、学校によって様々。売店でサンドイッチを買って食べるという選択肢を与えている学校もあれば、外注の業者からお弁当を届けてもらうシステムを導入している学校もあります。

一般的に、カフェテリアでのランチは小学生以上の生徒向けです。幼い子たちは教室でお弁当というのが好ましいのでしょう。

カフェテリアでのランチには選択肢があるので、生徒は楽しいですね。メインディッシュなら二、三種類（例えばフライドチキン、ミートソースのパスタ、ベジタリアンのパスタ）の中から選べますし、そのほかに温野菜やサラダバーやスープバーもつけられます。事前にメニューはわかっていますから、気乗りしない日はお母さんにお弁当をせがむという手もあります。そのように、日によって、カフェテリアのランチを食べたりお弁当を食べたりできるのです。カ

カフェテリアのランチ

フェテリアに「決められた席」はありません。準備や片付けのお当番もありません。各自トレイに食べ物飲み物を乗せてお金を払い、空いている席を探し、食べ終わったらトレイを所定の位置に下げ、退室します。

貝類・甲殻類・豚肉・牛肉と宗教が制止する食べ物が多いという事情があり、インターナショナルスクールでメニューを組むというのは神経をつかう仕事です。特別な祭事がからめば、「今日から○日間はあれとあれとあれを食べるのは禁止」といった、期間限定の制限も生じます。「コーシャー」、「ハラル」と呼ばれる特別な処理がされた食材でなければ口にしないといった生徒は、たいていお弁当を持参します。

横浜インターナショナルスクールのカフェテリアのランチの値段は、以下の通りです（二〇一二〜二〇一三年度）。

小学生（日本での一〜五年生）五三〇円、中学生（同六年生〜中学二年生）五八〇円、高校生（同中学三年生〜高校三年生）六八〇円、大人七三〇円

インターナショナルスクールの登校日数はおよそ一八〇日、登校すれば夕方まで拘束するのが常ですが、校外活動や特別なイベントもありますから、カフェテリアでランチを食べる回数を最多で一七五回と仮定します。先にあげた小学生が払う五三〇円に一七五をかけると、五三〇×一七五＝九二七五〇円という計算です。日本の公立小学校とは比較になりませんが、高めの私立小学校の給食費にいくばくか上乗せという値段です。

カフェテリアがない学校に通う場合、必然的に生徒たちは皆お弁当を持って来ます。

日本人の場合、インターナショナルスクールの生徒といってもお弁当の内容は決して特殊でも複雑でもありません。お弁当箱に卵焼きやハンバーグや鶏の唐揚げと温野菜を詰め、空いた

スペースにはプチトマトやフルーツを押し込み、ふりかけご飯を添えるといったものですね。もちろん、サンドイッチもホットドッグも常連です……そう、超ありきたりですみませんって謝りたくなるほど普通です。世間には凝りに凝った装飾のお弁当レシピを紹介する本も出回っていますが、子どもも親も横並び意識が薄いインターナショナルスクールでは、競って装飾に凝るという行動は希と言えます。

外国人の子どもたちのお弁当は一段とカジュアルです。ベーグルにクリームチーズを塗ったものがどかんと入っている、ロールパンにハムとチーズがはさまっている、フルーツだったら小ぶりのリンゴが丸のまま、バナナがそのまま一本入っているといったものも珍しくはありません。日本人のお母さんたちからすると、「もっといろいろ食べたいんじゃないのかな」なんて、余計な心配をしてしまいます。

私の子どもたちが在籍した学校では、学年の始めや終わりに、顔合わせの意味を兼ねてのポットラック（各家庭から持ち寄りのご飯）が盛んです。偏りがあっては困るので、「名字がAからKまでの字で始まる方はメインディッシュを、LからPの方はサラダを、QからZまではデザートを」といった振り分けがなされます。「手作りに限る」などという気難しいルールはありません。お店で買ったものを持ち込むのもアリです。フルタイムで働くお母さんたちも結構いますから、そのあたりの配慮は当然ですね。

インターナショナルスクールでのポットラックはとても華やかです。教室内に並べられた料理はデパ地下なんぞ相手にもならぬといったバラエティで、子どもたちには当然のこと、保護者たちの間でも人気です。「これ作ったのどなた?」「はーい、私!」「どうやって作るの?」「すっごく簡単! レシピ差し上げましょうか?」と、それまでまったく縁のなかった者同士が料理を通じて親睦を深めるという、思いもかけない「外交的発展」を遂げる場合もあるのです。

バザーでプチ異文化体験

「インターナショナルスクールと言えばバザー」、と連想される一般の方々は案外多くいらっしゃいます。お客様のリピーター率は結構高いでしょう。どこの学校のバザーに行っても、毎年必ず大盛況です。

ほとんどのインターナショナルスクールでは、秋か春の週末に、バザーといったお祭りが開催されます。食べ物飲み物の屋台、食品や工芸品の販売、フリーマーケット、生徒や保護者による音楽の演奏や演劇の発表、子ども向けのゲームコーナーの運営など、校舎と校庭を一般に開放しての賑やかな一日が繰り広げられます。ロゴ入りのグッズを販売している学校もあります。通《つう》のお客さんはいつどこの学校でバザーを行っているか先刻ご承知。「〇〇スクールはスカンジナビア料理が充実」「△△スクールのティラミスは格別」といった情報をお持ちです。

ブースやフードストールと呼ばれる屋台は、アメリカ、インド、フランス、オーストラリアなどと国ごとに分かれ、お国自慢の手料理や飲み物が用意されています。炭火焼きのハンバーガーあり、チーズたっぷりのラザニアあり、インドカレーに、タイカレーに、イスラエルの豆のペーストに、ヨーロッパ各国のワインに……どれをとっても逃すのは惜しいものばかり！　メインに活躍するのは在校生と保護者たちです。教職員や卒業生保護者たちの参加もあります。

日頃「学校でボランティア」といえばお母さんたちの活躍ばかりになりがちですけれど、バザーではお父さんたちも大奮闘する光景が見受けられます。準備から片付けまで、男手が加わるとあれよあれよという間に進みますよね（お酒が入ってなければ、ですが）。どの学校にも、煙に燻されながらバーベキューグリルの前に立ち続ける、ギター片手にロックンロールしまくっちゃう、といった「毎年お馴染みの名物お父さん」といった方がいらっしゃいます（蛇足を付け加えると、うちの子どもたちの母校の名物ロックンローラーは校長先生です）。

提供されるお酒も食べ物も、すべて値段はちょっと高めです。「収益は学校へ寄付」と決められている、ファンドレイザー（資金集め）目的のイベントですし、働き手は皆ボランティアですから、赤字を出すのは勘弁してほしいというのが本音。お客様にはその点をご理解いただきます。

お酒の販売に関しては、「大らか」と「全面禁止」と、学校によって方針は二極化です。「どの学校でもお酒が飲めるぞ」と思い込んではハズレることも。

バザーで活躍する
お父さんたち

珍しい建築様式の校舎と校庭に色鮮やかな旗やテントを張り巡らし、外国人の大人や子どもが集うという光景は、身内の面々だってわくわくしますし、一般の日本人にとってはまったくのワンダーランド、異文化体験そのものです。風船細工のおじさんや、ジャグリング、ピエロ、パントマイムといったプロのエンタテイメントも目の前で繰り広げられます。そして珍しい料理やスイーツに舌鼓を打てるとは、その上レアなお酒まであるとは！

インターナショナルスクールには芸能人の家族もいますから、「我が青春時代の憧れのアイドル」を見かけるなんて（はたまた一緒に働けるなんて）、超嬉しいオマケも経験できるかもしれません！

同級生とシャル・ウィ・ダンス?

インターナショナルスクールに通う生徒たちって、おませに見えますね。特に欧米系はおとなっぽい見かけの子が多いですし、実際おませでもあります。そのおませ感を象徴的に表すのが、中学校高校の多くで開催されるダンスパーティー!

学校内で「ハロウィーンダンス」「ウィンターホリデーダンス」「バレンタインダンス」といったタイトル付きで、華々しくダンスパーティーが行われるのでございます。

会場は学校の講堂・体育館・多目的ルームといった施設で、DJは「腕に覚えのある」生徒たち。日時はほぼ決まっていて、金曜日の夕方か、夜七時から九時といった時間帯。贅沢になりようはなく、慎ましやかな設定です。男子校や女子校は互いを誘い合って行います。

参加するかしないかも、どのような服装でダンスパーティーにやって来るかも、丸っきり個人の自由です。胸元丸出し全身ぴちぴちフィットドレスといった、「めいっぱいお洒落派」から、ジャージっぽいパンツとTシャツといった、「まったくいつもと変わらず派」まで、そしてハロウィーンダンスだったらコスプレ的な格好もあり、皆自由奔放、ばらばら、お気に召すまま、です。

がんがん踊るという感じの曲がメインではありますが、かかる曲の中に多少はスローなものも含まれます。本来ならば「男の子と女の子がぺったりくっついて」といった具合で踊るものですが、それは場合によりけりで、組んだ相手によっては自発的に離れ気味にかまえたり、立ち会いの先生の「もうちょっと身体を離して」との介入があったり、微笑ましかったりぎこちなかったりする風景も見られます。

若い世代をエキサイトさせるイベントですから、各学校ともさまざまな規制を敷いていま す。事前に選んだ曲のリストを担当の先生に提出し、歌詞の中に「好ましくない表現や単語が含まれていない」という確認を受けなくてはいけない、リストに載っている曲しかかけてはいけない、という約束が義務付けられています。「途中抜け禁止」という決まりを強いている学校もあります。ダンスが開催されている時間中、子どもは学校でダンスを楽しんでいると親は信じているのですから、安全確保のため、学校は参加した生徒たちを全員学内に留めておきた

いというわけです。複数の「監視役」の先生が目を光らせるのは、どの学校でも必ず行われている処置です。

五年生（小学校の最終学年）たちに「中学生になったら何が楽しみ？」と聞くと、多くが「ダンスパーティーに行ける！」と答えます。十歳、十一歳にしてダンスパーティーデビューをするなんて、おませですねえ。

ダンスパーティーの最大級のものは、十二年生（高三）の卒業式直前に行われる「シニアプロム」

と呼ばれるイベントです（十一年生対象の「ジュニアプロム」を設けている学校もあり）。こちらは慎ましやかなんて次元ではありません。男の子はグレーや黒のレンタルのタキシード、女の子はロングドレス着用で、会場はホテルの宴会場やクルーズ船のパーティールームといった豪華なもの。当然素敵なごちそうも待っています（アルコール飲料はもちろん厳禁）。DJはプロを雇い入れるという趣向。男女のペアで参加するのが基本ですが、単独での参加もアリです。不参加という選択肢もアリ。

プロムの準備が始まるころになると、生徒たちは皆わくわくそわそわ。誰を誘う、誰に誘われた、誰に断られた、どんな色のドレスを買うと（娘を持つ親はここが頭痛の種）、おませさんたちは大いに、おませさんでない面々もそれなりに、悩みが尽きない日々が続きます。十七歳十八歳にしてこの騒ぎ。

プロム当夜の興奮といったら……それはそれは筆舌に尽くしがたい大変なもので！

私んちの場合④

国内旅行のすすめ

インターナショナルスクールに子どもを通わせていると、日頃から何かにつけ外国の情報に興味を抱きがちです。外国人のお仲間たちからアジアのリゾートやヨーロッパの観光地の情報を得る機会が多いせいか、長期休暇の前後、日本人同士での「どこへ行く?」「どこへ行った?」という会話の中で耳にするのは、プーケットだとかロンドンだとか、海外旅行の話がほとんどでした。

夏には子どもをサマープログラムに送り込む計画を立てますから、それで結構な散財をしてしまいます。プログラムが海外のものであれば、「送りがてら(迎えに行きがてら)、ついでに皆で小旅行」と考えれば、家族にとって都合がよろしいですね。そうなると、夏の終わりに再度どこかへ、とは考えにくくなるのは当然です。

インターナショナルスクールではどの学校も修学旅行を企画しますから、親が連れて行かなくても、子どもたちは箱根だ金沢だ京都奈良だ、と行ってくれます。広島で原爆体験者のナマの声を聞くなんて経験もします。けれど、学校だって毎年あちこち連れて行ってくれるわけではないし、仲間がいれば注意は散漫になるし、国内旅行は学校にお任せしっぱなしというのもナンじゃないですか。

国内旅行に付きものの割高感は障害物ですね。でも国内各地を見て歩くのも楽しいものです。おすすめします。行きましょうよ。

我が家では「体験モノ」が好評でした。金沢では三味線屋さんで三味線演奏の体験と金箔工房で金箔貼り体験、京都では風呂敷の染めつけ体験と、探せばいろいろと見つかりました。京都の太秦映画村や日光江戸村、岩手県奥州市の藤原の郷《さと》といった時代劇のロケ地では、その世界に入り込んだような錯覚も楽しめましたね。

妻籠《つまご》宿・馬籠《まごめ》宿といった中山道の宿を訪れたのは、子どもたちが六年生と二年生の冬でした。江戸の昔からの風景を頑固に残した妻籠宿のメインストリートを目にした途端、二人は「ダイアゴンアリー！」と叫び声をあげました。その古風な町並みが、「ハリーポッター」の映画で見慣れていたイギリスの風景と重なったのです。ふたつの土地が外見的にそっくりであったわけではありません。醸し出す趣が微妙に類似していたのを、彼らが直感的に察知したのでした。

その中山道の旅の後、六年生の子には「囲炉裏に集う家族の席次」というレポートを書かせました。「囲炉裏にも上座下座があり、家長・跡継ぎ息子・次男以下の息子といった男たちに席次があり、嫁・姑・娘といった女たちにもある」との資料館のボランティアさんの説明を、解説図付きでまとめさせたのです。囲炉裏を巡っての席次は男尊女卑という単純な図式ではなく、「男も女も互いの地位と責任に敬意を表す」といった意識の現れが形にされたものでした。

自国の文化を学ぶと、他国の文化を理解しやすくなると言われます。そして他国の文化を学ぶと、自国の文化をより鮮明に理解することができるとも言われます。体験すれば実に簡単に、それらの説は正しいと納得します。外国だけに行ってばかりでは、この「シーソー現象」は期待できないのでしょうね。

第5章

インターナショナルスクールの「ナイス!」

先生が褒める、親が褒める、生徒が褒める

インターナショナルスクールの特性のひとつは、「褒める」という行為の多さです。

先生が生徒を褒めるのは当然と言えば当然ですが、それにしても実にまめまめしく褒めるものだ、と日本人は感心します。いちいち理由を見つけては、本人に向かい、親に向かい、たまたまその場に居合わせた大人たちに向かい、生徒の成果や長所をこと細かく褒めてくれます。あどけない笑顔を見せる幼児にも、反抗期まっただ中のニキビ面にも、久しぶりに顔を出したビジネススーツ姿の卒業生にも、先生たちは賞賛の言葉を雨あられと注いでくれます。

そして気づくのは、欧米の保護者たちは他人の前で臆面もなく自分の子どもを褒めるという事実です。「おたくの○○君は絵を描くのが抜群に上手ね」「そう褒めていただけて嬉しいわ～、あの子は絵が上手なのよ～、とーっても手先が器用でね～」といった具合です。日本人同士の会話であったら、「あの子ったら勉強はろくすっぽできないけど、絵だけはなぜか上手なのよ」程度が関の山なのでしょう。由緒正しき日本的奥ゆかしさの上限（下限？）はこのあたりか。

そして忘れてならないのがもう一点……生徒が生徒を褒める！

一例を挙げましょう。

あるインターナショナルスクールでは、四年生の後半に、地学の勉強をする習慣がありました。この学習では、しめくくりにプレゼンテーションが待ち受けていました。「あなたのお子さんは、○日△時からプレゼンテーションを行います」という招待が各家庭に届き、親たちは理科室に集められました。プレゼンテーションは、四人程度のグループに分けられた生徒たちが、あらかじめ指定された鉱物について、表やグラフを手に持ちながら交代で説明をするという内容でした。

四年生が普通に理科室で発表をするという機会でしたし、研究の対象は鉱物でしたから、別段特に心を打つ劇的な瞬間があるわけではなく、数分間のプレゼンテーションはごく淡々と進行しました。

しかしその時目を引いたのは、各グループがプレゼンテーションを終えるたびに行われた、発表内容についての感想を述べ合うセッションでした。

「△△を□□と表現をしたのは、わかりやすいと感じました」「絵を指さすだけではなく、身体を使ってのジェスチャーでも説明したのは、効果的な伝え方だと思いました」など、仲間の行動を褒めるのです。そして、「私も感心した、君もそう感じたか」といった先生のコメントが加わります。

褒める以外のコメントもありました。「説明の声が小さかった」といった単純なものだけではなく、「チャートがわかりづらかった」「説明の流れがスムーズでなかった」と掘り下げた指摘も。よろしくなかったという指摘がされた場合、「ではどうすれば良かったのかな」と先生はクラスに問いかけます。チャートであれば、「色づかいが……」「文字の大きさが……」といった改善点が挙げられ、それらについて検証が行われます。速やかに改善点が見つからない場合は、「では、見づらかったチャートと見づらくなかったチャートを比較してみようか」といった投げかけがされ、討論が続きます。発したコメントが大した内容を持たないと判断された場合は、先生から「何となくといった気分で発言してはいけない」といったお叱りを受けることもありました。

親たちが最も驚かされたのは、生徒たちが意見を述べる際、「まず仲間の好ましかった点を褒め、その後行き届かなかった点を『惜しかった』というニュアンスを込めて指摘する」という話術を会得していたという事実でした。齢九歳十歳にして大人顔負けです。世間には「部下の効果的な叱り方」「褒め上手になろう」といったビジネス書がいくらも出回っていますが、この四年生たちはとっくにその技術を習得ずみ。それらの出版物は彼らにはまったく無用の長物だったのです。

「自分の頭で考える」学習例をいくつか

「インターナショナルスクールでは、日本の学校教育が得意とする受け身姿勢オンリーの学習ではなく、自分の頭で考える、体験を通じて理論を納得して身につけるといった教育が受けられる」と言われます。それがどのような内容なのかは、なかなか知られていませんね。この章では「これぞインターナショナルスクールでしか経験できない教育！」といった具体例をいくつかをご紹介いたしましょう。

低年齢の生徒が体験するプロジェクトに「ショウアンドテル」があります。自宅から自分が大事にしている物を持参し、クラス全員に見せ「ショウ＝show」、どのような意味やいわれを持つものかを伝える「テル＝tell」というプレゼンテーションです。たとえば、生徒が「これは田舎に住むおばあちゃんです」と、写真をかかげたとすると、その田舎とはどこか、おばあちゃんはどのような人物か、自分にとってどんな存在かという説明をするのです。皆の前に立って、物事をわかりやすく伝えるとはどういうことかを、自分で体験し学び、同級生の仕草を見て感じ学びます。一度だけの経験ではあまり成果が上がらないでしょうが、幾度か繰り返しているうちに、皆上達していきます。

小学校高学年から中学校あたりで行われている物理のプロジェクトに、「エッグドロップ」があります。言葉通り、「卵落とし」です。「五、六メートルといった高いところから生卵を落下させ、無事に着地させる」というのが、生徒に与えられた課題です。皆、ティッシュや空箱・トイレットペーパーの芯・牛乳のカートンといった身の回りに存在する材料を工夫して、どう卵を守るか知恵を絞ります。「何となく、こんな感じだったら割れない気がしたから」といった曖昧さではなく、「自分の作品の目玉は何か」「それはどういった根拠を元にして考え出したか」という点を明解にするのがミソです。

「エッグドロップ」と同じ世代を対象に行われるものに、「ミリオンダラープロジェクト」と題したものがあります。自分が一ミリオンドル（一ドル＝百円で換算すると一億円）を受け取ったと仮定して、それを元手に社会的弱者や動物のためのプロジェクトを作成し、企画書を書き上げるというものです。予算を有効に使う過程で様々工夫をしなければ、高い評価は得られません。「盲導犬訓練施設を建てる→広大な土地が必要→都会より地方を選ぶべき」「小規模な医療クリニックをたくさん運営する→需要は先進国より途上国で高い」といった理屈の展開が求められます。その上でどのような職種のスタッフが何人必要で、そのためにはいくつ部屋が必要で、ゆえにどれほどの建造物が必要で、といった条件を揃えて完成させます。「予算を使い切る」というのも大切な要素です。

ある学校の六年生は、社会科の時間に中近東の歴史を勉強した際、締めくくりとして「アラブ人とユダヤ人の対立を解決するために周囲は何をするべきか」というディスカッションを行いました。もともと正解があるわけでなし、しかも六年生が知恵を絞り合っての協議ですから、大きな展開が生まれはしません。「壁にぶち当たって終わり」といった結末でした。そうであったとしても、協議を重ねることで生徒たちは各自で何かしらの結論を引き出したはず、というのが学校側の狙いだったのでしょう。結論が「二千年以上解決しない対立は今後も解決しないのであろう」であったとしても、それをポンと大人の口から告げられるのではなく、そこまでに至る思考と検証のプロセスというのが貴重なのですね。

最後にもうひとつ、十年生（日本の数え方では高校一年生）を対象にした「ベイビープロジェクト」を紹介いたします。

生徒は、昼休み（違う時間の場合も）に学校所有の赤ん坊の人形を一体与えられ、その後一緒に過ごして翌朝学校に返却する、という育児体験プロジェクトです。学校は一学年かけて、全生徒が一回経験するように計画します。人形を受け取る際、生徒はおむつ数枚（この人形専用のもので、本物ではない）とほ乳瓶（同）も貰い受け、腕には専用の機械でしか絶対にはずすことのできないブレスレットをはめられます。本物そっくりにしか見えない人形の体内にはコンピューターが内蔵されていて、「お腹が空いた」「お尻が気持ち悪い」「相手をしてほしい」といった理由が生じるたびに、泣き出します。生徒は泣かれている理由を探りながらあれこれ手を打ち、人形の機嫌を取らなくてはなりません。ブレスレットを人形に近づけると体内のコンピューターが反応し、それをきっかけに生徒の行動が記録され、成績評価につながるというシステムです。ブレスレットをはめていない人間が対応しても人形は反応しないという、実に巧妙な仕組みです。

授業中に泣き出せば、教室を抜け出して世話をします。ミルクを与えるのには二十分程度の時間がかかってしまいますし、飲み終えてもゲップをさせなければ人形は機嫌を直してはくれません。スクールバスの中であれば、「あの子は例のプロジェクトの担当者だ」と周囲に理解してもらえますが、学校外の人々はまずこの赤ん坊が偽物とは気づかず、学校のプロジェクトであるとも理解しません。自宅に戻った後も、引き続き人形は生徒に要求をし続けます。生徒は食事を中断され、電話もままならず、宿題の手すら止められ、そして幾度も睡眠の邪魔をされ、やっとの思いで朝を迎えるという運命を義務づけられるのです。行動はひとつひとうすべて記録されますから、泣く赤ん坊を長時間放置したり、叩く、蹴るといった強い衝撃を与えると、生徒の評価は下げられてしまいます。

ホント、どれも自分の頭で考えることを強いられるプロジェクトばかり。日本の学校とは大違いですね。

●ベイビープロジェクト追記

ベイビープロジェクトについて、具体的なエピソードをひとつ付け加えます。

お読みになって想像された通り、これは極めて過酷なプロジェクトです。まず、これは生徒の個人的な事情をまったく考慮に入れてくれません。放課後に用事が入っていようと、翌日に大きなテストがひとつあろうとふたつあろうと、「○月○日は誰々」と決められてしまいます。体調の善し悪しもプロジェクトの取り組み方に影響をおよぼすでしょうが、担当日はまず変更させてもらえません。そして、いつ人形に泣かれるかというタイミングは、神のみぞ知る運命です。

こともあろうに、Ｅ君は学校外での和太鼓のお稽古日に、この育児プロジェクトが与えられてしまいました。一五歳の男子としては、不安だったでしょう。数日前にはお母さんもそわそわし、息子に指示を出し始めました。「いい、お願いだから、何があっても人形をバックパックの中に突っ込んだりはしないでちょうだい、バックパックの中から泣き声がして、中から赤ん坊が出て来たなんて事態になったら、都バスに乗り合わせた乗客はひっくり返っちゃうわよ！」そう、人形は見かけも泣き方も、本物としか思えない精巧な作りなのです。しかも白人と中国人のハーフであるＥ君が貰い受ける人形は、ヒスパニック系の顔立ちでしたから（チョイスは白人・ヒスパニック・アフリカン・アジアンの四通りで、事前に生徒には通達が届く）、誘拐だと勘違いされたらかないませんね。「いくら日本の人たちが穏やかだといっても、あなたの行動次第では、警察に通報されるかもしれないわ！」と声高に繰り返す母親を横目に「ちゃんと抱いてバスに乗るから、誤解されるような行動はしないから」、と息子はうんざり顔。母親と会話して不安が解消されたかといえば、多分そうではなかったでしょうね。

プロジェクトの当日、授業を終えた後、和太鼓の稽古場へ向かうべく都バスを降りたE君でしたが、すぐさま人形に泣かれてしまいました。泣いた理由はおむつのせいだと気づき、バス停脇の歩道上に人形を寝かして（！）おむつ交換を遂行。「通り過ぎる人たちがみんな変な目で僕を眺めていたよぉ」とぼやいていましたが、そりゃ当然でしょ。

稽古場では女性の太鼓仲間さんたちが代わる代わる口を挟んでくれ、E君は何とか無事に幾つもの危機を乗り越えることができました。帰宅後、家では母親にはほ乳瓶を持つ手つきがおかしいだの人形を抱く角度が悪いだのあれこれ口を出され、夜中は二度も三度も人形に起こされ、と散々な目にあったそうです。

翌朝、眠い目をこすりながら登校したE君は、早速保健室で人形と付随のブレスレットを返却し、晴れてお役ご免となりました。

遠慮なく泣き続ける赤ん坊を前に「にわかお父さん」「にわかお母さん」があわてふためくのも、黙ってはいられない「にわかおばあちゃん」が横槍を入れるのも、文化も言語も時代をも超越した、万国共通の習性ですね。

この子育てプロジェクトは、「人間の健康と発達」という保健の授業の一貫として、妊娠や出産について勉強をした後に行うものだそうです。決してビデオや書物では教えられない究極の体験ですね。これは単に「育児とはこんなにも大変なのだ」と納得させるだけではなく、「うっかり余計なことをしたら、人生はこんなになるよ」という究極の避妊教育だと私は思うのですが、多分そうですよね？

保護者談話①

父親として子どもに最も望むのは、「自分の脳みそで考えたことをやって、責任を取る」こと

清田　順稔
（きよた　じゅんじ）
都内在住　出版社経営
ご本人の国籍・日本　奥様の国籍・日本　留学経験・ご夫婦とも無
子ども・長男（インタビュー実施時は一二年生）と次男（同一〇年生）

「伝える→自分で考えろ→学び取れ」がインターナショナルスクールの教育

私は京都の出身です。京都といっても中心のほうではなく、ちょっと田舎というか、はずれたところです。留学とかホームステイとか、私自身が外国と縁のある経験をしたわけではありません。ずっと日本で暮らし、普通に高校まで地元の学校へ行って、大学で東京へ出て上智大学に通い、卒業して京都に戻って働いていました。家内とは同じ大学でした。

長男が生まれてしばらくして、「幼稚園をどうしようか」と考え始めたのですが、「これ」と閃くものがなかったのですね。私はもともと型にはめられるのが嫌いというか、「皆一緒」という行動が苦手なのですが、いざ子どもを幼稚園に入れようとあたりを見回したら、ピンとくるものがない。それでいろいろ調べてみたら、京都インターナショナルスクールというのを見つけました。インターナショナルスクールに興味があって探したわけではありませんでしたが、たまたま見つけたわけです。調べてみたら通わせたくなって、幼稚園の年中組のプログラムに申し込んだら上手いこと入れることができました。

決めたのは私の考えで、家内はそれに同意したという形です。子どもが通い出したら、「こんなに親が介入する機会が多いなんて」と家内は驚いていましたね。実際関わるのは母親ですから大変だったと思いますが、それなりに何とかやっていました。

長男が一年生を終えた時に東京に引っ越しました。ぜひインターナショナルスクールを続けさせたいと思いましてね。西町を選んだのは、もともとが日本人を教育するための機関だからです。もとは日本人を教育するために外国人と一緒に学ばせるという考えの学校で、日本語のカリキュラムもしっかりしているし、「これだ」と思いました。引っ越しに合わせて、長男は西町の小学校二年生に、次男は幼稚園（K5）に入ることができました。

長男は西町を卒業後（注・この学校は九年生で修了）、セントメリーズの高校に移りました。いくつかインターナショナルの高校を探して、長男が自分自身で決めました。勉強はインターナショナル・バカロレアコース・プログラム（一三九ページを参照）に入って、その後の進学先は自分で調べさせて、これからは日本の大学で勉強の予定です。次男は六年生で横浜インターナショナルスクールに転校しました。これも次男が自分の意志で決めました。

西町に通わせたからといって、インターナショナルスクールはインターナショナルスクールですから、日本語力は弱いですね。それを補うには本を読まなくては駄目だと思います。読書をするかしないかの違いは、どんな学校に行っても同じでしょう。普通の日本の学校に行ったとしても、読書しない子は伸びないと思います。

日本の教育は「教える→受け取れ→記憶しろ」という流れですよね。インターナショナルスクールは「伝える→自分で考えろ→学び取れ」だと思います。

外国人の先生たちは、ひと言で言えば「度量が大きい」という感じです。生徒の行動や思考の細かいところより、大きい部分を見て評価してくれますね。自分が京都で学生だったころに教師に恵まれなかったせいなのでしょうか、こういったあたりが大切だと考えていました。

「インターナショナルスクール向きの子とはどのような子か」というのは難しいところです。簡単に言ってしまえば、「鈍さを持ち合わせている子」でしょうか。物事にいちいち大きく反応するではなく「どんと構えていられる」といった感じが好ましいのでしょうね。

インターナショナルスクールは、日本文化に対する理解が高いです。自分の出身の学校を振り返っても、日本の文化に対して鈍感というか、インターのほうがはるかに敏感です。

長男も次男も幼いころから馬事公苑で馬に乗っていましたので、「普通の日本的な空気」はそこで学びました。乗馬のレッスンを受けながら、上下関係とか言葉遣いとか、そういったものを学んだのは貴重な経験でした。

子どもたちに対し私が最も望んだのは、「自分の脳みそで考えたことをやってほしい」ということです。「自分で考え、責任を持つ」。就職もそうですね。彼らの人生は彼らのものなのです。だいたい親は学費を払うだけでもう手いっぱいですから、「卒業後は勝手にやってくれ」です(笑)。たまたま私は会社を経営していますけれど、これは私のものであって彼らのものではない。継いでほしいと考えてはいません。本人たちもそうでしょう。「自分の未来は自分で決めなさい」と言い聞かせています。

もしインターナショナルスクールに行かず、日本の学校に行っていたら、彼らはもっと他人の目を気にする、あまり必要ではない競争心にわずらわされる人間になっていたと思います。

充実のIT

一九九四年当時、子どもが通い始めたインターナショナルスクールには「コンピューターを教える先生」という方がいました。その先生は着任四年目でしたから、九一年には既にコンピューター教育が始まっていたと推測して間違いないでしょう。「この職種は数年先にはなくなるでしょう。各家庭が、各教師が、皆アシストなしに子どもにコンピューターを教えられるようになりますから」とのコメントをその先生から頂戴した、と記憶しています。知識が浅いこちらとしては、「へえ〜そうのなのか」と、感心するばかりでした。

学校には「コンピュータールーム」なる部屋があり、二十数台のコンピューターが設置されていました。幼稚園や低学年は「お絵かきソフト」といったプログラムで楽しく遊ぶといった趣旨で触り、三年生から上の生徒たちは本格的にコンピューター技術を学んでいました。大きめのクラスでも人数は二十二、三名でしたので、一台のコンピューターにつき一人で仕事ができる計算でした。四年生ともなると、英語で書く作文はほとんどすべてコンピューターで書く決まりでした。

これはこの学校限定の特異な話ではなく、いくばくかの差こそあれ、多くのインターナショナルスクールでも似通った状況でした。欧米諸国の学校でもコンピューター教育は盛んで、手本になる情報はいくらもありましたから、遅れをとってはまずいとの判断だったのでしょう。

二〇〇九年のデータによると、公立小学校におけるコンピューターの所有状況は、左のようになります。

東京都　一台につき九・六人
神奈川県　一台につき一二・〇人
大阪府　一台につき五・六人
兵庫県　一台につき五・九人
京都府　一台につき七・〇人
福岡県　一台につき七・九人

インターナショナルスクールの発展振りがご理解できるでしょう。

幼いうちからふんだんにコンピューターに触れさせてしまうのですから、当然生徒たちのIT力は相当なハイレベルです。五、六年生でも「今回のプロジェクトは、パワーポイントを使用してプレゼンテーションをします」「この資料は○○誌からスキャンしたものです」といった技の披露もごく普通。キーボードをブラインドタッチで打つのも普通です。

二〇〇〇年前後といった時期では、インターナショナルスクールにもコンピューターを所持していない家庭があり、宿題の作成に混乱を来すといった例も存在しました。その生徒たちには、昼休みや放課後にコンピューター室で作業をさせていました。

二〇〇五年を過ぎると「中学生は全員持っているよね」という暗黙の了解があったという感ありで、数学の宿題はすべて「オンライン提出」のスタイルを貫くことになりました。手早く処理できる一方、互換性やら「本日の我が家のコンピューターのご機嫌」といった問題が絡んでしまうこともあり、「提出できな〜い！」という騒動を生むこともありました。

コンピューターの互換性の問題も改善され、所持率もぐんとアップした近年では、多くの小学校でもアメリカ製の算数の宿題ソフトウェアなるものを導入し、「オンライン提出」が流行し始めました。現在では、幼稚園生や小学校低学年生ひとりに一台のタブレット端末を持たせるという学校も珍しくはありません。高学年には、ひとり一台のラップトップを持たせるように強制しているところもあります。その場合、リースもしくは買い上げのいずれかを選択できます。

学内に設置されたコンピューターも、学校経由で購入・リースをするものも、専門家の手により「不相応な閲覧」は厳しくブロックされているので、極めて安全です。

若ければ若いほどよい、たくさん触れられるのならたくさんのほうがよい、と無条件に賞賛こそしませんが、やはりこれからの時代を歩む若い世代にとって、高いIT能力は不可欠ですね。交通規則同様、コピペや個人情報の管理といったITのルールも、幼いうちにたたき込んでおくのがよろしいのでしょう。

時代の最先端を歩み続けるインターナショナルスクール、恐るべし！

インターナショナルスクール的部活

日本の学校同様、各インターナショナルスクールの中学校高校にも運動部が存在します。試合は近隣のインターナショナルスクールや日本の学校と行います。大きなトーナメントになると、グアムやサイパンへ遠征、といったケースもあります（渡航費は自己負担）。

スポーツですからインターナショナルスクールといえどもルールは同じですが、運営の方針は少々違いがあります。日本の学校のシステムと最も異なるのは、各チームは「季節ごとにしか活動しない」という点です。季節の到来とともにチームが発足し、終了とともに解散するのです。同好会は例外ですが、部活として存在するものに、年間を通して活動するものはありません。長期休暇に食い込んでの練習は、あったとしてもごくごくわずかです。

いつどの運動部が活動するかは全国的に統一されていますが、どの部が存在するかは各学校の規模や予算によって異なります。最も選択肢が多い、アメリカンスクールの高校を例に挙げましょう。

秋（八月末から十一月初旬）
男子　フットボール、テニス、クロスカントリー、チアリーディング
女子　サッカー、バレーボール、テニス、クロスカントリー、チアリーディング
冬（十一月中旬から三月初旬）
男子　サッカー、水泳、バスケットボール、レスリング、チアリーディング
女子　フィールドホッケー、水泳、バスケットボール、レスリング、チアリーディング
春（三月中旬から五月末）
男子　野球、陸上競技、
女子　サッカー、野球、陸上競技

（二〇一三年現在）

季節ごとにチームを発足・解散させるのは、伝統的に欧米の学校が取り入れている制度を模しているからです。限られた時間のみで活動するという方法では、ひとつの技術をマスターするにはやや不利なのでしょう。野球のリトルリーグやシニアリーグの試合で、日本のチームが老舗のアメリカのそれより強いというのは、確たる事実ですよね。野球だけでなく、他の競技でも、日本の学生のレベルの高さには驚くものがあります。しかし欧米では、一種類のスポーツに固執させるより、多くのスポーツに関わらせ多様な筋肉を使わせるほうが、若い世代の身

体的成長にとってプラスである、ひいては怪我や故障の予防にもなるという考えが浸透し、徹底されています。実際、秋にクロスカントリーでしっかり走り込んでいれば、冬のバスケットボールや水泳のシーズンを前にして、必要なスタミナが養われるという状況が望めますよね。そして消耗の問題も軽減されます。十数年間、名投手になるという夢しか追わずに生きてきた少年が、「肩を壊して野球はもう無理」と宣告されるといった悲劇は、シーズンごとに競技種目を変える欧米ではまず起こりえません。

シーズン制のスポーツは、生徒たちの精神面にも大きなプラスの影響を与えてくれると言われています。いくつもの違う競技に参加することができれば、あるスポーツでは人並み程度しかなかった生徒が他の種目ではヒーローになり自信が持てる、逆のケースでは自信過剰になることが避けられる、といったメリットが望めます。

季節ごとに違ったスポーツをさせるとは、単に「勝てば良い」「負けてはならん」ではなく、「豊富な経験を活かし、視野の広い競技者になれ」というメッセージなのでしょう。指導する側と見守る側のおおらかさが感じられます。

ゲイの先生たち

実を申せば、ゲイの先生というのは、多少いらっしゃいます。けれど、いくらインターナショナルスクールが多文化で「何でもあり」的な寛容さを備えているからといって、さすがに自分はゲイだと公表する方はいらっしゃいません。

隠し通そうと頑張る教職員もいらっしゃるのかもしれません。けれども、こういった話は古株の保護者たちからいやでも聞こえてくるものなので、あっさりわかってしまいます。服装やしゃべり方でゲイとひと目でばれればれ、けれど世間の目なんぞどこ吹く風、という方もごくごくたまにいらっしゃいます。うーん、強者。

記憶を辿ってみると、「△△先生はゲイ」という噂（もしくは事実）に大きく反応するのは、案外日本の保護者たちだったという印象があります。諸外国の方々がまったく気にしなかったといえば、そうではありません。日本の方々より動揺が少ないという程度の違いです。「自分たちにとってゲイは異質だけれど、容認は難しいけれど、教師としての仕事をきちんとこなしてくれさえすれば、それで文句はない」というスタンスの方が大多数でした。

まったくその通り。いい加減な仕事をするヘテロセクシュアルな先生と真面目に仕事をするホモセクシュアルな先生がいたとしたら、どちらに子どもを任せたいかは明々白々ですね。

中学生高校生ともなると、どの先生がそうかわかってしまうのですが、生徒たちはそのような事実や噂にはおおむね無反応、「だからどうよ」という感じです。中には、「だからあの先生は細やかで優しくてありがたい」との意見もありましたっけ。うわあ、大人目線。ここにも「人は人、自分は自分」という立ち位置、そして他者の文化を尊重するという意思が備わっているのだと納得させられました。

読書好きになってくれてもいいのよ

昔も今も「本を読みなさい」と親は子どもに繰り返すものですが、「少しは外で遊びなさい」「道を歩きながらの読書は危険だから止めなさい」と注意されるほどの本の虫がいる一方で、周囲がどう努力を重ね工夫をこらしても、一向に読書をしない子どももいるというのは、洋の東西を問いません。

アメリカンスクールの小学校の図書館には、ちょっとした工夫がこらされています。低学年セクションには、くまちゃんの形の椅子があったり、ロッキングチェアがあったり、ハンモックが吊ってあったりと、無造作に「陣地」が点在しているのです。高さ一メートル足らずのミニチュアのテントも置いてありました。カラフルで、大人でも思わず入ってみたくなるような、小さくてかわいらしいテントです。キャンプ用のそれではなく、ディック・ブルーナの絵本にもあった、サーカスのテントといった感じのもの。これらは皆、「好きな場所で読んでくれていいのよ」というお誘いなのでしょう。

この学校では、一年に一度、春の金曜日に、図書室でお泊まり会が開催されます。「学校で夜を過ごす、しかも仲間たちと一緒に」とはなんとエキサイティング。誰しもやってみたいと思うのでしょう。そして一回経験したら「また次の年もぜひ」と。しかしながら、これには参加資格があるのです。「学校指定の枠の本の中から規定の数以上を読んだ」との認定書を手に入れた生徒のみが、お泊まり会に招待してもらえるというからくりです。少々読書は苦手という子でも、「お泊まり会に行きたい」との気持ちが高まれば、「じゃあ読むか」と考えるわけですね。けれどズルはできません。本は指定の枠内から選ぶ約束ですし、読後は「本の要約」を司書さんに提出する決まりです。これをもって「読んだ」という認定シールがもらえ、規定の冊数に届けば晴れてお泊まり会の参加資格をゲット！　なかなかにくい戦法です。

「本は良いもの、楽しいもの」と百回繰り返すより、図書館内に陣地をこさえたり、お泊まり会を企画したりといったさりげないお誘いが効果をあげるのかもしれないな、なんて思いませんか？　私だったら、頑張っちゃいますよ、きっと。

右のテントの内部

ミニチュアのテント

子ども用のハンモック

小学校の図書室。ロッキングチェアがありますね

私んちの場合⑤

校長だけは例外です

英語を使用する人々には、「ファーストネームで呼び合いましょう」と気軽に持ちかける習性があります。英語には「さん」「君」「ちゃん」にあたる単語が存在しませんから、ファーストネームを呼び捨てにするということです。相手のほうが明らかに目上である場合、一般の日本人は躊躇してしまいますよね。

その昔、日本の中学を卒業後渡米した私が最初に通ったのは、高校に付属する全寮制の英語学校でした。先生たちは皆三十歳前後といった若い世代で、毎日朝から夕方まで英語とアメリカ文化を留学生たちに叩き込んでくれました。

この英語学校には、「生徒は先生をファーストネームで呼ぶ」という決まりがありました。これからアメリカでの学校生活になじんでいかなければならない外国人生徒たちにとって、状況によっては目上でもファーストネームで呼び捨てにするという行為は、一様に身につけておくべきスキルであるという見解だったのでしょう。しかし十五歳になったばかりの私には難題でした。困り果て、「ミスター（ミセス・ミス）○○」と小声でぼそっと呼びかけると、「教師はファーストネームで呼ぶという決まりがあるはずだ」と手厳しく叱られたものでした。いつの間にか先生方を呼び捨てすることに慣れてしまったものでしたが。

インターナショナルスクールでは、生徒たちは皆ファーストネームで呼び合います。年齢には関係ありません。高校生が幼稚園生に向かって話しかけるのもその反対のケースであっても、同じように「ねえ、遼太郎」「あのさ、由美」といった具合です。英語には「お姉ちゃん」「お兄ちゃん」という言葉は存在しませんから、たとえ十歳離れていても、弟が兄に「遼太郎」と話しかけるのです。それ以外に方法がないのです。

呼び捨ては子ども同士だけの現象ではなく、先生も保護者も生徒を呼び捨てにします。日本語を教える日本人の先生も例外ではありません。「次の漢字をボードに書いてくれる人はいますか、ではさゆりにお願いしようかしら」といった具合です。事務局やアドミッションオフィス所属の日本人職員も同様に、生徒を呼び捨てにします。

日本人の保護者が呼び捨て文化に染まるのももちろんアリです。さすがに日本人の親同士は「さん」づけですが、生徒たちを呼び捨てにするのは普通にOK！

「親同士・子ども同士・親↓子ども」といった関係での呼び捨てに慣れるのには、そう時間がかかるものではありません。日本人にとっての「うひゃー」は、教職員を呼び捨てで呼ぶという文化……先生たちはもちろん、事務局の職員や教頭、校長、果てには理事や理事長まででも……全部のインターナショナルスクールに共通の習慣ではないけれど、私の子どもたちが通った学校にはありました。

教職員を呼び捨てにするのに抵抗感が少なそうなのは、アメリカ、カナダ、オーストラリア、ニュージーランドといった国々出身の方たち。「グッドモーニング、クリス」「ハロー、ジェニファー」といった具合に、教職員にも教頭先生にも校長先生にもくったくなくご挨拶。彼らも保護者に「ハロー、リンダ」なんて返します。当然会話の中身もそうなるわけで、「その話は僕ではなくてケリーに相談してくださいよ」なんて言っていても、そのケリーという人物は教頭先生だったりするわけです。

十五歳で「目上呼び捨て大特訓」を受けた私でも、自分の子どもを指導してくださる先生たちをファーストネームのみで呼ぶのには抵抗がありました。結局、在校生の保護者という時代はずっと「ミスター何々・ミセス何々」で通し、卒業生の保護者という立場になって以降、ファーストネームで呼び捨てにするとの切り替えをしました。今でもバザーといった行事で子どもの母校を訪れますが、その際は教職員の皆さんを「フィリップ」「ジョン」といった具合に呼びます。けれどもなぜだか、校長先生だけは「ミスター○○○○」と名字で呼んでしまいます。学校を離れて幾年も経ちますが、いまだに校長だけは例外です。

第6章
インターナショナルスクールの「ひゃあ!」

出費という名の悪魔たち・上

さてここでは、これまであえて取り上げなかった話題をここで取り上げます。「取り上げる勇気がなかった話題」とも言えます。費用の話です。気になりますよね。

「インターナショナルスクールは学費が高そう」というのは定説です。そして残念ながらそれは本当なのです。しかも半端でなく高い。「うひゃー」です。

インターナショナルスクールは各種学校という扱いですので、日本の政府から多額の助成はもらえません。ろくに補助がないのに教育はキメ細やか、というスタイルは昔から不変です。少人数制（せいぜい二十名程度）の授業をするのは大前提ですから、教員の数を揃える必要があります。校舎や校庭といったハード面の整備・充実は必須ですし、教材や備品の多くは海外から取り寄せていますし、コンピューターやタブレット端末はふんだんに用意されていますから、学費はいやがおうにも高額になってしまうことになりますね。

どのインターナショナルスクールの案内にも、学費は年間二〇〇万円前後という額が提示されています……悪魔のような数字ですよね。しかし潜んでいる悪魔は単体ではないのです……入学金や学費といった「表」の悪魔とは別に、実は夏という名の「裏」の悪魔も隠れています。真剣に入学を検討する方も、何の気なしにこの本を開いてしまっただけよという方も、まずはその悪魔たちの正体を検証してみましょう。

学費は学校によって、そして段階によって（プリスクール・幼・小・中・高）ばらつきがありますが、施設維持費といった費用を含め、一年あたり二二〇万円前後と考えるのが妥当です。学校によっては学年が上がるほど学費が上昇しますし、また学費とは別途に「旅行費用」「IT代」といった名目で請求がくるケースもあります。多めに見積もり、「支出は年間二五〇万円」と覚悟しておくのが賢明と思われます。初年度にはその他に入学金・施設使用料といったものが一〇〇万円程度追加されます。

ひとつの学校に通い続けたとして、単純計算すると、
二五〇万円×一三年（K5から高校まで）＋初年度の一〇〇万円＝三二五〇万円
これはプリスクールを含めない額です。プリスクールに何年通わせるかは判断が分かれると

ころです。二年間通わせたとして、その分出費が三五〇～四〇〇万円増加します。

ＥＳＬプログラムを受ける場合（設けていない学校も多々ある）、年間三〇～五〇万円程度の別途請求が来るもようです。

途中で転校すれば、移転先への入学金と初年度経費として、新たに一〇〇万円程度を用意しなければなりません。

学費は一年分を全納する必要はなく、分納を許す学校は多いようです。近年導入された「高校無償化法」のおかげで、高校生に限りいくらかの還付金が受け取れるようになりました。ありがたいことはありがたいのですが、それでも焼け石に水というか、ホント、高い！

日本の私立学校と比較してみましょう。慶応義塾に幼稚舎（小学校）から高校まで十二年間通わせると、出費の総額はおおよそ一四〇〇万円です（二〇一二年発表のデータ）。これは小中高三校の初年度経費を含む額です。天下の慶應義塾をもってしても、学費はインターナショナルスクールの半値以下！

慶応義塾・慈恵・順天堂・昭和といった「お手軽め」と評される私立の医大にかかる学費は六年間で二〇〇〇万円強、最も高額な帝京医大は六年間で五〇〇〇万円程度と言われています。子どもをインターナショナルスクールに十三年間（幼稚園の一年間プラス小中高）通わせるには、日本の私立の医学部に入れるのと同様の覚悟が必要になるのです。

蛇足ですが、アメリカの有名私立中学の学費は一年間に二五〇万円前後、高校では三〇〇万円前後というのが目安です（自宅通学の場合）。こちらも高額ですね。

ここまでの説明が「表」の悪魔の説明でした。「うひゃー」でしたか。でも次の章では「裏」の悪魔の話をいたします。ここまで耐えたのですから、脱落せずに続きを読んでくださいませ。

出費という名の悪魔たち・下

前章では学費について考えていただきました。この章で取り上げるのは、学費以外で最大級の出費と言われる、夏のプログラムです。

どのインターナショナルスクールも、二カ月もしくはそれ以上の夏休みを設けています。子どもにとって長い休みは大いに魅力的ですが、英語ネイティブではない生徒たちには、英語力が落ちるという危険に満ち満ちた時期でもあるのです。日本人の保護者たちは皆、「夏の間、子どもに何もさせないわけにはいかない」と焦ります。通常インターナショナルスクールの夏休みの宿題は課題図書を数冊読む程度に留まり、計算ドリルや自由研究といった類の宿題は出ませんし、プールの登校日も運動部の夏季練習なるものも存在しません。つまり、子どもたちは超ヒマ。宿題に追われるストレスからの解放は親にとっても子どもにとっても誠にありがたいものですが、まったく何もせず過ごすのも退屈過ぎますし、何はさておき、英語力が低下するという危機感がひたすらつのります。

そこで歓迎されるのが、国内国外で開催される英語でのプログラムです。アメリカンスクールが開催するサマーデイキャンプを例にあげてみます。ここでは勉強の他、スポーツやクラフトといったお楽しみのアクティビティも含め、費用は三週間（月〜金、八時三十分〜十五時）で十万円といったところです。神戸のカナディアンアカデミーで開催の中高生向けのプログラムは、八時三十分から十七時三十分まで過ごした場合（もっと短い時間も可）、二週間（十日間）で十二万円です。国内で自然と触れ合う宿泊付きのキャンプといったプログラムもいくつかありますが、こちらは五、六日間で九万円、十万円程度の額になります。

小学校高学年から中学生になると、アメリカやカナダで開催されるキャンプやサマースクールという選択肢がポピュラーになります。最も一般的なキャンプは、自然の中で小屋に泊まり、湖で泳いだり工作やハイキングを楽しむというものですが、ロッククライミングやラフティング、野球やテニスといった運動系の他、楽器の演奏、演劇やコンピューター技術を向上させるといった「ひとつの目的に集中させるキャンプ」もあります。体力を一気に消耗する内容のものはせいぜい二週間という長さですが、体力的に厳しくはないものであれば六週間から七週間という長期間に渡るキャンプも見られます。そのような長期のものであれば、参加費は一万ドル前後と考えておくべきでしょう。

キャンプには宿泊がセットになっているとは限らず、通いのプログラムも多々あります。年齢が低い場合、もしくは宿泊に躊躇する子どもの場合、無理して泊まり込ませるよりも、通いのもののほうが望ましいですね。

通いのプログラムは泊まりのそれと比べて格段に値段が下がりますが、自分で宿や車を用意する分、様々な経費が加算されます。北米にはキッチン付きという滞在型のホテルがありますので、家族（たいていの場合、子どもと母親のみ）で滞在し、子どもは一日の大半をプログラムで過ごすという計画を立てることもできます。この場合かかる費用は、キャンプの参加費、旅行する人数分の飛行機代、宿泊（一例　親子二人で一泊二〇〇ドル）や食事にかかる費用、コインランドリーの使用料、レンタカー代とガソリン代といったところです。

サマースクールも人気の高い選択肢です。サマースクールにも多少の多様性があり、朝から夕方までずっと勉強させるものもあれば、勉強はお昼で終了し、午後からは運動や工作といったアクティビティをさせるものもあります。こちらも、宿泊込みかそうでないかを選ぶことができます。宿泊込みの場合、五週間のサマースクールの参加費は六〇〇〇ドルから七〇〇〇ドル強と考えるのが妥当のようです。サマースクールの延長で、学生のための海外体験旅行というのもあります。旅行先にもよりますが、四週間程度で七〇〇〇ドル前後という数字がひとつの目安です。

つまり、高学年の子どもひとりに充実した夏を経験させるのには、一〇〇万円前後の出費を覚悟する必要があるのです。五年生から十二年生まで夏に長期のプログラムを経験させたとして、前章の計算式（二五〇万円×十三年（K5から高校まで）＋初年度の一〇〇万円＝三二五〇万円）に、八〇〇万円が加算されるという結論です。ひゃ〜。

日本人生徒の英語力に著しい遅れが見られる場合、学校は英語でのキャンプやサマースクールに参加をすすめることはできますが、強制はできません。夏の過ごし方は各家庭の判断で決めるものです。「何もせずに過ごしてはならん」なんてどこにも書いていないのですから。

とはいえ、やはり皆さん有意義な夏を子どもに過ごさせようと、様々知恵を絞るわけです。

それにしても強敵ですよね、この出費という名の悪魔たちったら……インターナショナルスクール社会における最大にして最強の敵です。

春先の悪夢・夏中続く悪夢

前項でご紹介した高学年の子どものための夏の海外プログラムの準備は、過酷な試練の連続といったものです。段取りはこうです　子どものニーズに合いそうなプログラムを探し出し、メールのやりとりなどで探りを入れ、親子で協議を重ね合意をとりつけ、旅行プランを立て、申し込みをし、代金を払い込み、計画を遂行する。春先に準備が無事完了すると、夏には計画の実行という新たな局面を迎えます。「私は留学斡旋屋か！」「旅行代理店か！」「添乗員か！」と親がキレ続けてようやく、子どもはどこかへ落ち着いてくれるわけです。ひー、やれやれ。

毎年冬休みがあけるころから、ママたちは一斉に焦り始めます。「考えたくない」と先送りしたくなる気持ちに甘んじていると、人気のプログラムはさっさと定員に達してしまいますから恐ろしい。そもそも親の意向と子どものそれが一致するかどうかは誠に不確定で、多くの家庭ではここが最大の難所になりがちです。いくつかのバトルを乗り越え、やっと合意にこぎつけても、「定員いっぱい」と断られたら、せっかく目鼻がついた計画は、あっけなく振り出しに戻る運命に。「上の子は入れたけれど、下の子はキャンセル待ち」なんていう悲劇も起こります。

プログラムに参加させなきゃいけない訳ではないけれど、海外に送れば偉いってものでもないけれど、長～いインターナショナルスクールの夏休み中、大きな子どもに毎日家でごろごろされてはたまりません。海外ベースの学校仲間は母国へ帰ってしまい、日本ベースの仲間もキャンプだサマースクールだと出払い、地元の学校に通う友人たちは塾の夏期講習だ部活だと不在。あり余る時間をどう過ごせば良いのでしょう……。

毎日昼ごろになってやっと起き出し、ご飯を食べ終わったらゲーム機やソーシャルネットワークをいじくり回し、それらを止めさせればユーチューブで延々と何かを眺めて笑い転げているし、無理矢理外出させれば何時に戻ってくるかわからないといった状況。その間、子どもの頭からどんどん英語は抜けて行くし、じゃあ日本語が上達しているかといえば決してそうではないし……親はすっかり「夏休みの馬鹿っ」といった心境。

日本の学校に子どもを通わせるママ友たちとおしゃべりをしていると、「夏休みだというのにずっと部活ばかりでさ、毎朝早くにお弁当を作らされるのよ、洗濯物は凄いし、アタシはたまんないわ！」など、嘆く声を聞きます。「けれどそちらは、夏中やってるんでしょ、夕方まで拘束してもらえるんでしょ、親はお弁当させこさえればいいんでしょ、日本の子どもの部活って素晴らしい」……部活に送り込むという選択肢を持たないインターナショナルスクールの親たちは、ある時はっと気づくわけです。

無論、部活を賞賛しまくるのは単純過ぎるというものです。けれど元気ばりばりの中学生・高校生が連日体を鍛え、コーチや先輩たちにしごかれて、さらには後輩たちから突き上げられ続けるなんて、「正しい青春時代の過ごし方」ではないでしょうか？　こちらにその選択肢がないとは残念無念。気合いのひとつを入れようにも、こちらには塾通いという文化すらないのです。

ですから、「夏の間、子どもに充実した時間を与えたい」と願うと、たとえ煩雑な準備や安全に対する心配（そして大いなる出費！）にわずらわされるとしても、長い期間拘束してくれる海外のプログラムに目を向けるというのが、インターナショナルスクールの保護者たちの習性です。五、六週間といった長期のプログラムが日本国内にあれば、海外に子どもたちを送る必要もないのですが、他に選択肢がないという事実には逆らえません。

八月末からの秋学期が、保護者たちにとって最も心穏やかな季節なのかもしれません。次の夏の計画作成開始まで、しばしの猶予があるのですから。

豪華絢爛なるもの、汝の名はファンドレイザー

いくつかのインターナショナルスクールでは、毎年「ファンドレイザー」のパーティーが開催されます。「ファンドレイザー」とは「資金集め」という意味です。ＰＴＡが学校に様々な寄付をする、例えば「校庭の遊具の新規調達」といった目的が設定されたとすると、その資金を集めるために行われるのです。それにしても、我が校のパーティーの豪華絢爛さたるや、最初に出会う日本の保護者たちは超びっくりといった反応を全身全霊で表します。

毎年、パーティーは四月の金曜日の夜に、都内の有名ホテルの宴会場で行われます。時間は六時半から十一時くらいでしょうか。参加費はひとり二万円程度。「夫婦単位で」と義務づけられてはいません。同性の仲間同士での参加も可（この場合は女同士というパターンばかり）。男性（お父さんたち）はタキシードもしくはそれに準ずるフォーマルなスーツ、女性（お母さんたち）はロングドレスや短いのやら、もしくは着物や民族衣装といった、フォーマルなものを着用します。外国人のお母さんたちの多くは胸元や背中丸出しのロングドレスで登場しちゃうので

すが、それがまた何とも似合うのです。極端な話、樽みたいな体型でも（悪口が過ぎました）、それなりに似合っちゃうのが彼女たちの不思議なところ。お父さんたちもなかなかです。日本人男性が着るとどうしても「ホテルの宴会係」に見えてしまうタキシードも、外国人パパたちは必ずパリッとキメてくれます。生バンドの演奏が始まると皆さん陽気に踊り出し、会場の雰囲気はすっかりハリウッドセレブのそれ（誇張が過ぎました）！

豪華なフルコースディナーやシャンパン・ワインも魅力のひとつですが、パーティーの主役は資金集めのためにＰＴＡの担当者たちが用意した寄付の品々です。「○○航空ビジネスクラスで飛ぶ、ニューヨーク往復の旅、△△ホテル三泊分付き」といったものから、「△△レストランのケータリング三〇名分」「相撲部屋訪問」「築地市場ツアー」「○○先生引率による、東京ドームでのプロ野球観戦一〇名分」といったものまで、毎年華やかな景品が並び、オークション形式で競り落とされます。大人たちが楽しむため、子どもたちを楽しませるため、そして学校に資金を寄付するため、活発な競りを繰り広げるという趣向です。パーティーの収益は、経費を差し引かれた額が後日公表され、寄付する側（ＰＴＡ）からされる側（学校）に譲渡されます。学校の設備やカリキュラムの向上にとって、必要不可欠な収入源です。

そりゃ楽しいに決まっているでしょうけれど、参加するのにはなかなかの覚悟を要しますね。かかるコストは参加費・ドレス代・クリーニング代・美容院代・往復のタクシー代といったもの。これは女性だけの話で、夫が一緒ならば参加費がダブルで加算です。家に残す子どもが幼ければベビーシッター代もかかります。シッターを帰宅させる時間はかなり遅いから、タクシー代（深夜割増！）も上乗せですね。その上、もしパーティーで何か景品を競り落とせば、ウン万円（ですむか？）が後日計上されるのですよ。ひゃー。

これぞまさに、「出費という名の悪魔たち・パートⅢ」とでも呼ぶべきお題目。でも落ち着いてください。これは自由参加ですよ、自由参加。

参加しなかったら、それで損をするのでは、厭な思いをするのでは、という心配は無用です。当夜の思い出話で盛り上がる面々とそれを聞くだけの面々の間に、隔たる壁は築かれません。このあたりの「プレッシャーなし感」が、インターナショナルスクール社会のありがたいところです。

注・パーティーの豪華さはどこも似通っているわけではなく、各学校によって違います。パーティーを行わない学校もあります。

サンタクロースも駄目よ

もしあなたが「人は誰でも、子どもであれば特に、クリスマスはとびきり楽しみなイベントと待ちこがれるもの」という認識をお持ちであったら、即却下いたしましょう……駄目ですよ〜、駄目。駄目。

クリスマスはキリスト教のお祝いごとです。それはつまり、キリスト教徒ではない人々にとっては本来無縁のもの、もしくは迷惑なものなのです。

「はあぁ？」でしたか。けれど本当です。世界史の本の一、二冊を紐解いてみてください。世の中、宗教をいい加減に扱うと大変やっかいな問題が起こる、という証拠が存分に書かれています。「じゃあそれはインターナショナルスクールにどのような影響を及ぼすのか」という質問を投げかけると、宗教的に超寛大な一般の日本人は、どのような想像をするのでしょうか。

キリスト教系のインターナショナルスクールであれば、クリスマスを祝うという行動に何も問題なしです。通っている生徒たちはその学校の宗教的なバックグラウンドを理解した上で入学したわけですから、学校の宗教色に反発することは筋違いですし、反発されたとて、学校にはあれこれ対応する義務はありません。ですから、ここでは普通にクリスマスを楽しむ！

クリスマスという行事に対して何かしらの配慮を要するのは、キリスト教系ではない学校の数々です。「うちはキリスト教系です」との意思表示をしていないのであれば、キリスト教色の強いイベントを行うのはルール違反と見なされるからです。

多くの学校は冬休みの前に合唱会といった発表の場を開催しますが、非キリスト教系の学校であれば、「ウィンターコンサート」「ウィンターホリデーコンサート」といった名前が付けられています。

非キリスト教系の学校では、合唱会でおおっぴらにクリスマスキャロル（ソング）を歌うのもNGです。妥協案としてコンサート解散後に屋外で「おまけとして歌う」との形をとる学校もあります。キャロルを歌わせるのなら、ハヌカ（毎年十二月に行われるユダヤ教のお祭り）の歌も歌わせるという学校もあります。

クリスマス色排除ということは、ツリーはなし。「メリークリスマス」という挨拶もなし。プレゼントもなし。サンタクロースの訪問もなし。

これが非キリスト教系インターナショナルスクールにおける、「しかるべきクリスマスの過ごし方」です。もちろん、個人レベルでは違いますよ。

友人の子どもたちが通った都内のプリスクールでは、冬休み前最後の登校日に「ウィンターフェスティバル」というお楽しみ会を開催しています。そこにはサンタさんの訪問が含まれるのですが、それは会の終わりの時間に組み込まれていて、「サンタクロースに会わずに帰宅を希望されるご家族は、この訪問の前に退室してください」という配慮がされています。選択肢を用意したのは、宗教的な中立性を最低限は確保したという弁解なのですね。

日本的感覚で見れば、「相手は幼い子どもたちなのだし、何もそんな目くじらをたてなくても」と違和感を感じられるでしょうが、いちいちけじめを付けるのが国際的視野というものです。多様性を受け入れるということは、時と場合によっては「どうしてこんなに面倒なのよ！」とげんなりするものなのです。

ちなみに、インターナショナルスクール社会における冬休み突入直前の挨拶は、「ハッピーホリデーズ」が主流です。無論、「メリークリスマス」と言って問題ない相手ならばそう挨拶してかまいませんし、言ったのをほかの誰かに聞かれて気まずいこともありません。けれど、「この人はどうだっけ、どっちを言うべきだっけ」と考えるのは面倒だから、一律「ハッピーホリデーズ」でまとめちゃうに限ります。

発音の悲劇

当たり前のことで恐縮ですが、インターナショナルスクールにいれば英語を話す機会だらけです。けれども、保護者たちの英語力は千差万別。ひたすら向上中という方もいらっしゃいます。日本人限定の話ではありません。ヨーロッパ出身者やアジア出身者の中にも、「英語って難しいですよね」と嘆かれる方はたくさんいらっしゃいます。どなたも恥をかいたり墓穴を掘ったり、語学にまつわる喜劇悲劇の種は尽きません。LとRの区分けに難ありの日本人であれば、「頭にシラミ（lice）が」と言おうとして、「頭にご飯（rice）が」なんてしくじりはざらですね。

英語でコミュニケーションをとっていれば、初心者には初心者レベルの、上級者には上級者レベルのしくじりが待っているのです。いちいちへこんでいたら、身が持ちません。

子どもが親の発音を矯正してくれるかどうかは、疑わしいところです。教える子どももいれば、我関せずという子もいます。従順に教わる親もいれば、馬鹿にされたと反発してしまう親もいますものね。最も多いのは、直すことが多すぎて、またはは語学のセンスがなさ過ぎて、子どもに「こんな親、教えても無駄」と見放されるパターン。つまるところ、子どもに親の発音を指導する義務はありません。

どのインターナショナルスクールにも英語の発音に難ありの保護者はいくらでもいますから、教職員はいつでも必ず寛容な態度で接してくれます。コミュニケーションに困難を来すことはあっても、意図的に保護者に恥をかかせるような行為は決して起こしませんから大丈夫。

英語の難しさは多々あれど、中でも名前はややこしい。そして、一度間違って覚えてしまうと後で修正がききにくいというのが、大人の悲しいところですね。子どもをあれこれ正すのは簡単ですが、大人同士でミスを指摘し合うのはかなり難しい。通常、ミスはそのままスルーという、時と場合によっては誠に過酷な運命をたどります。そして、正しい発音で言えたとしても、それがよろしくない意味を含んでしまうとまた大変……。

決して忘れられないケースをふたつご紹介いたしましょう。

その一　「ミセスバカ」と呼ばれて

うちの子どもたちが通ったインターナショナルスクールには、「モラン」という名前の女性の先生がいらっしゃいました。発音は「ラ」にアクセントがつきます。

しかし、これが英語に不慣れな日本保護者には難しかったのです。耳に慣れない「モラン」という名前を記憶しようと努力している内に、そして全民族的に難しいRの発音に気を取られている内に、多くの方が「ラ」ではなく「モ」にアクセントをつけてしまいました。先生を話題にして語る際もそうでしたが、直接ご本人にも「エクスキューズミー、ミセスモラン」と問いかけ。ひゃーっ。

実を申せば、「モ」にアクセントを付けてしまうと、発音がmoronという英単語にぐっと近づいてしまうのです。ちなみにその単語の意味は、「バカ・間抜け」です。まずいでしょ。日本人も外国人もその意味を知っている保護者たちは、ミセスモランを見かける度、いつどの日本人が「やってしまう」か、ひやひやどきどきでした。

それにもかかわらず、いつの日もにこやかに対応していらしたミセスモランには脱帽でした。

数年後、モラン先生は台湾のインターナショナルスクールに転勤されたのですが、台湾の人々は彼女の名字を正しく発音できたのかな、と我々は気にしたものでした。（大きなお世話！）

その二　「デブと呼べ」と言われても

英語の名前（ファーストネーム）には、愛称や短縮した呼び方が多くあります。エリザベスはベスやベッツィー、キャサリンはケイト、アレキサンダーはアレックス、ロバートだったらボブ・ボビー、ジェイムスだったらジムと、様々あり、「ケイトと呼んでください」「アレックスと呼んで」と、自己紹介の際に付け加えられます。

難しい要求ではありません。パターンはほぼ決まっていますから、慣れると「ロバートだから、ボブとかボビーとか呼ぶんでしょ」と、あらかじめ予想がつくのです。しかし困るのはデボラさん……「デビー」であれば問題なしですが、もうひとつの短縮形は「デブ」なのです……。

大真面目に「プリーズコールミーデブ」と言われてもねえ。実際、私が仲良しだったデボラは「アメリカの常識でも超大型サイズ」といった具合。それで「デブと呼んでください」とは、あんまりじゃないですか。

モランと違い、デブって発音に変化のつけようがないのです。英語初心者も上級者も、皆例外なく超正確にデブって言えちゃうんですから……。

同国人の方々は「ハローデブ！」「グッバーイデブ！」とほがらかに声をかけていらっしゃいましたが、それは日本人には背筋が凍るような光景でした。

結論

インターナショナルスクールって、どきどきすることがあり過ぎ。

スルーは御法度

「インターナショナルスクールでは、自分の意見をはっきりと言えるように育てられる」と言われますが、実情はまったくその通り、感想を尋ねられた際、「別にぃ」「何もぉ」「普通～」といった「スルー」は御法度な社会です。遅くとも小学校高学年程度までには、「意見を求められたら必ず何か内容のある反応を返す」ときっちり躾けられているはずなのですから、どのような質問に対しても、それなりの見解を述べられなければ、幼稚っぽいとの批判にさらされてしまう危険があります。生徒は皆無意識のうちにそのことを心得ています。

世界中どこでもいつの時代でも、能弁さは大きな強みであると同時にやっかいごとのもとにもなってしまうという、両刃の刃ですね。日本の社会であればことさらそうでしょう。能弁さのおかげで、インターナショナルスクールの生徒は、「やっちゃった」を結構やっちゃいます。

かつて我が国で民主党が与党だった時代、某インターナショナルスクールの高校生であったS君は、とある民主党の若手衆議院議員のもとで短期間のインターンシップを経験しました。

その代議士さん自身も海外育ちのバイリンガルだったので、インターナショナルスクールの生徒を面白がって採用してくれたのです。年齢が年齢でしたから、S君は秘書さんの後ろを付いて歩き、単純な雑用を手伝うといった程度の仕事のみに従事していました。けれど、見ること聞くことすべて目新しいものばかり、そしてテレビで知っている代議士たちと議員会館の廊下ですれ違ったりと、なかなか刺激的な日々でした。政治にさほど興味を抱いていなかったS君でしたが、「一日をどう過ごしたか、どのような人と出会ったか、どのようなやりとりを耳にしたか」といった話題で毎晩家族と盛り上がりました。

インターンシップの最終日、代議士の先生は「ご褒美に」と、S君を国会議事堂内の議員食堂に連れて行ってくれました。あまり直接お話しする機会が持てなかったS君は、先生と向かい合っての会食に大きく胸をときめかせたそうです。質問には一生懸命に答えていましたから、先生はS君を、対話のしがいのある若者だと感心してくださったのでしょう。

時の経つのも忘れそうなほど楽しい会食が終わりに近づいたころ、S君は「があああ～ん」と頭をぶっ叩かれたような経験をしたのでした……目の前に座る先生に、「S君はさ、小沢先生をどう思っている？」と質問されたのです……。

この当時、小沢一郎代議士は政治献金の記載を巡り裁判につぐ裁判に追われていた時期で、マスコミはこぞって彼に批判的でした。どの角度から検証しても、超超超繊細な問題に間違いなし。しかもここは国会議事堂、周囲は議員さんや秘書さんばかり、そして目の前に座ってにこやかに質問するのは、人呼んで「小沢チルドレン」のひとり……。

インターナショナルスクール育ちのS君に、「別にぃ」や「何もぉ」といった逃げは浮かびません。脳はいつものように「何かはっきりした意見を言え！」と命じていたに違いないなし。ここがインターナショナルスクールの生徒の悲しい性《さが》ですね。何か言わなきゃとのプレッシャーは高まる、けれど半端な見解を述べてはやばい、しかしこの場に助け船を出してくれる仲間はいない……気がつくと、S君の全身には冷や汗がたら〜り……。

帰宅して「最終日はどうだった？」と無邪気に微笑む母親に、S君はぼそぼそとことの顛末を話し始めました。

「で、何て答えたのよ？」

「『この件（小沢代議士の個人献金を巡る裁判）については、父や母とも時々話すのですけれど』ってさ」

「自分の意見を切り出すのに、私たちを巻き込んだのねっ！」

「小沢チルドレンに向かって、前置きもなしに『僕はこう思います』なんて言えるわけないだろ！」

「それで？」

「『父や母とも時々話すのですけれど、やはり小沢先生は国会議員でいらっしゃるから、情報公開は徹底していただきたいと思います』って」

お母さん、「ふううううう」と、安堵して脱力。

不器用で知られるS君、今回はファインプレイ。

それにしても、スルーという逃げ道を持たないインターの生徒に向かってあの質問はあんまりでしたよ、○○先生！

保護者談話②

自分は卒業生。子どもは現役生。
超ベテランおかあさんに聞く

母娘二代。
インターナショナルスクールの昔と今

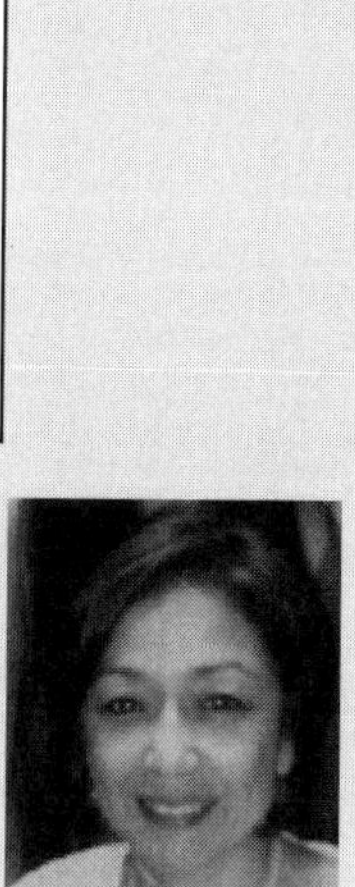

関満グレース（せきみつ　ぐれーす）
都内在住　主婦　ご本人の国籍・アメリカ　ご主人の国籍・日本
子ども・長女（インタビュー実施時は大学3年生）と次女（同インターナショナルスクールの11年生）

私が通っていたころの横浜インターナショナルスクール

私自身の国籍はアメリカですけれど、横浜生まれでずっと横浜に住んでいました。横浜インターナショナルスクールにはトータルで十五年（プリスクールから十二年生まで）いました。大学はアメリカです。

私が通っていたころのＹＩＳ（横浜インターナショナルスクール）は若い学校でした。今と全然違い、建物も少なかったし、体育館も運動部もなかったし、小さな学校でしたね。私は第四期の卒業生です。学年は全部で二十人。正確には思い出せませんけれど、全校（十五学年）合わせても三百人いなかったのかもしれません。おかげで、生徒たちも先生たちもみんな顔見知りでした。生徒は海外駐在員の子どももいれば、宣教師の子どもや、日本人の家庭の子もいて、中には親の考えで日本の学校に行かなかったという子もいました。帰国子女はほとんどいませんでした。その他には定住のアジア系と、明治維新のころに来て日本に住み着いた外国人の家庭の子どもたち。国籍はいろいろでした。日本語教育はちゃんとありました。厳しい先生がいらしたのですよ。私は日本語については上級クラスでしたから、漢字もたくさん習ったし文章も書かされました。修学旅行で永平寺（福井県）に行ったり仙台に行ったり、あと三宅島にも行きました。皆高校の時ばかりで、中学生以下の時は何もなかったと思います。

私は父がアメリカ人の軍人だったので、私を基地内の学校に入れるという選択肢もありましたけれど、母の友人のすすめでＹＩＳに入れられました。

勉強にアクティビティに気ぜわしい感じがする今の子どもたち

今のインターナショナルスクールの生徒たちを見ると、（上の学校へ進むための）内申書が頭にちらつくせいか、勉強にアクティビティに気ぜわしい感じがしますね。昔は高校生でももっとゆったりしていていました。私がいた当時（一九六〇年代中盤〜七〇年代後半）のＹＩＳは、学業だけでなく社交的にものんびりしていましたね。ちょっと「枠からはみ出しちゃった」といった子もいたけれど、学校はそのような子たちでも受け入れ、受け止めていました。大らかだったのですね。インターナショナル・バカロレアコース・プログラムを導入するとか、ＹＩＳが今のような進学校になったのは、私が卒業した後です。

夏は三カ月の休みがありましたけれど、過ごし方は「特に何も」でした。高校生の終わりころになっても、アメリカへ大学探しの旅行なんかしなかったし、今みたいにキャンプとかに行く習慣なんてありませんでしたから、つまらなかったですね。市民プールに行って泳いでも、中学生なんて私ひとりだったりして（笑）。だから今とはかなり違いますね。ホント、意義のあることなんて何もやらずにごろごろしてました（笑）。親は意外に無関心でした。

アメリカ大好きの日本国籍の夫と、日本大好きのアメリカ国籍の私

父はアメリカ海軍の将校でしたので、航海に出ると何カ月も家に戻りませんでした。ですからいつも家には日本人の母と私しかいなくて、学校を離れると日本語ばかりしゃべる生活でした。あのころはインターネットもケーブルテレビもなく、ラジオも英語はＦＥＮ

のニュースを流していて、どこにでも英語がついて回りますよね。昔は日本語以外の情報はなかったようなものです。チョイスがない。学校を離れると英語が聞こえなくなったわけですから、日本語を伸ばすには昔のほうが良い環境だったのかもしれません。

一歳の時からアメリカで暮らしていた夫は、小学校低学年のころ日本に戻り、神戸のカナディアンアカデミーに通いました。夫の母親は京都の出身、父親は山口の出身で、二人ともとても日本的な日本人でしたので、夫は日本語がきちんと身についたのだと思います（注・関満夫妻は誠に綺麗な日本語を話されます）。日本国籍の夫はアメリカ大好き、アメリカ国籍の私は日本大好き、という夫婦です。

娘たちは英語に偏りがちです。高学年からはアメリカンスクールですから（一人はまだ在学中）、アメリカ文化にどっぷりといった感じです。彼女たちに日本人としてのアイデンティティを植え付けようと努力していますが、あまり本人たちにはピンときていないかな、という印象が今まではありました。面白いことに、アメリカの大学で勉強している長女には、「自分は日本人だ」という意識が高まった気がします。東京で暮らしていたころには感じなかったのに、アメリカで日本について質問されても答えられなかったという経験をして、日本人なのに日本についてわかっていないと気づいたのですね。

毎日必ず朝と夕方にテレビをつけて、日本語のニュースをかけています。子どもたちが幼いころからの習慣です。知らず知らずのうちにでも日本語が耳に入るのは好ましいと思いますから。

言葉の習得は本人の自覚次第ですね。必要に迫られて、または恥ずかしい思いをして、自分でどうにかしようと決心するのだと、子どもたちがこれくらいの歳（高校の終わり～大学）になって納得しました。だから親がどうのと騒いでも上手くはいかないけれど、それでも子どもが幼いうちに親が基盤を作っておくのは大切です。日本語での挨拶は、「貴女は日本人だからちゃんとしなくてはいけない」と言い続けて来ました。

日本の学校教育は、内容的にはよくわかりませんが、大学受験に関しては日本のほうが公平ですね。アメリカの書類選考のやり方は不透明で、「どうしてこの子が不合格？」といった、どうしても納得できない結果が出たりします。日本の受験は一発勝負のテストの結果で、フェアと言えばフェアです。若いうちから塾に行ったりするのは気の毒だと思いますけれど。

ひとつインターナショナルスクールに欠けていて、ぜひやって欲しいと思うのは、道徳教育です。儒教的な思想、目上の人に対する態度とかしゃべり方とか。日本の文化を教える気がある学校だったら、道徳教育を加えてほしい。それが「日本にあるインターナショナルスクール」の特性になると思いますから。

私んちの場合⑥

人は見かけによらぬもの

幼いころ私が住んでいた家の隣には、在日十五年以上といったアメリカ人家族が住んでいました。子どもは兄・姉・双子の弟の四人。彼らは皆日本語が上手でした。リセフランコジャポネ（フランス系の子どものための学校。二〇一二年秋に名称を東京国際フランス学園に変更）に通っていた双子たちは、フランス語も流暢でした。

普通の日本の学校に通っていた私でしたが、そのお隣さん一家のおかげで、ごく自然に「外見と日本語力は一致する時と一致しない時がある」という認識が身につきました。

日本でインターナショナルスクールに通う子どもたちも同じ感覚です。学内を見渡せば、外国人であってもネイティブレベルの日本語を話す子は珍しくありません。

「外見と食べ物の趣味は一致する時と一致しない時がある」というのもあり。学校でのお餅つきで、あんこのお餅を勢いよくかっくらう外国人の生徒は必ずいます。チェーンの牛丼屋のメニューのランク付けなんぞを軽々とやってのける外国人高校生なんていうのも普通に存在します。

外国人の先生の中にも保護者の中にも日本語に堪能な方はいくらもいますから、生徒たちは日本語でしゃべっている時でも油断はなりません。通りすがりに悪口なんてとんでもない。やばやばです。「この顔つきなら大丈夫」といった先入観は、入学してしばらくしたら皆打ち消してしまいます。

そして、逆もまた真なり。インターナショナルスクールに通う外国人の家族であれば、日本人の顔をした人々の中にも英語に堪能なのが潜んでいる、英語だからと油断して好き放題を言ってはいけない、と心得ておく必要があるのです。電車の中で「あなたの斜め前に立っている女の子、あの化粧ったら何？　素敵だと思ってんのかな、ばっかでないの？」なんて言ってしまって、その相手に睨みつけられたら非常に気まずいですよね（睨みつけられるだけですめばいいけど）。

子どもたちが幼かったころ、とある週末、娘を連れて家の近くのクリーニング屋さんに行きました。その時持ち込んだ量は相当なもので、カウンターの上にどーんと大きな服の山を築いてしまいました。すぐさま、アメリカ英語をしゃべる白人のお母さんと小学生低学年という親子が私たちの後ろに並びました。子どもはうんざりといった様子で、ぐずぐずとお母さんに楯突いていました。「ほらね、僕が言った通りでしょ、すぐになんか終わらないよ、前の人たち（私と娘）ったら、あーんなにいっぱい持って来ちゃったじゃない、これじゃ永遠に終わんないよ」と大声。ふと娘と顔を見合わせたところ、彼女はその男の子のほうに振り返り、「ごめんね、さっさと終わらせるから、ちょっとがまんして」と英語で言ってしまいました。その時の少年とお母さんの顔たるや！「やばっ」とおののく少年に、「○○、幾度も言ってあるでしょ！この辺りには英語がわかる日本人はいくらもいるのよっ！」と、お母さんの罵声が……。

どう見ても少年の完敗です。インターナショナルスクールの一員であるならば、「外見で語学力を判断しちゃ駄目」とわかってなきゃ。

第7章
インターナショナルスクールの「ゆるっ」

入学式がない！

インターナショナルスクールに入学式はありません。
一般の日本人は皆「えーっ」ですよね。

欧米の学校には入学式がありません。ですから、インターナショナルスクールにも入学式を行う習慣がありません。ついでを申せば、始業式も終業式もないのでございます。

日本の学校は式典をやりたがりますよね。入学式・始業式・終業式・卒業式の他、創立記念日というイベントもありましたっけ。私が子どもだったころは、始業式と終業式の日は授業もなく、ただ登校して式に出てホームルームやって、十一時には帰宅していました。

入学式がないなんて、式典好きの日本人には誠にがっかりです。壮絶な競争を勝ち抜き、見事インターナショナルスクールにたどり着いた子どもの姿が眩しくて、その子どもをその成功へ導いた我が身もちょいとばかり晴れがましくて、在校生たちが歌う校歌を初めて耳にしながら、思わず「これから親子ともども明るい未来が〜」と高揚しちゃえるはずの入学式が……よりによって、ない！

では実際に新学期にどのようなスタートを切るかというと、晴れてインターナショナルスクールに合格し、入学の手続きを終えると、「初登校日は○月○日です」という知らせが届きます。親は子どもの手を引き、その日に登校させる。それだけ。

その日が「新入生のためのオリエンテーション」といった特別な日なのか、授業初日なのかは、学校ごとに方針が異なります。オリエンテーションは、あくまでもオリエンテーションです。式典といった色合いはありません。授業初日であれば、普通に授業をしちゃいます。

欧米の学校制度に馴染みがあれば、「この手の学校には入学式はない」とわかります。けれど、入学にあたっての書類のどこにも「入学式はありません」と書いてはいないから、一般の日本の方にはわかりにくいですね。たまーに見られます。ぱりっとした身なりの親子が、困惑した顔で校庭に立ちつくしているという姿が……。

オリエンテーションを後日に行う学校でも、初登校日には校庭や校舎の一角で「新保護者を歓迎するお茶の会」といったものは催します。これは決して硬いものではなく、PTA役員や一時的に手が空いている職員といった人々がゆるりゆるりと新保護者と社交するといった雰囲気のイベントです。迎える側は手慣れたものですから、「日本語オンリー」といった保護者たちにも居心地良く感じてもらえるような配慮もされています。新学期はおおかた八月の末ですから、教職員やPTAの役員であってもジャケット着用とは限りません。服装はクールビズ的な「他者の目から見て失礼がないもの」が主流です。ストッキングを履いている方はまずいません。新入生の保護者たちが実際に着てくる服装はまちまちといったところです。事前に初日の様子がわかっていれば、新参者でもどーんとくだけて登場しちゃいます。

新入生を教室に送り込んだ後のママたちパパたち（平日ですからパパたちは少数派）は、紙コップに入ったジュースを片手にカジュアルな歓談にふけります。しかしマイクロフォンを通じての校長挨拶・教頭挨拶といったメニューはなし。出席者も自分の都合にあわせ、長居をしたり、さっさと帰ったり、行動は自由です。第二子第三子が入学といった親であれば、歓迎会に見向きもせずに帰宅する方も。

これぞ、知っている人は皆知っている、けれど知らない人は誰も知らない（当たり前か）、インターナショナルスクール独特の「ゆるゆる感」の典型例。その実感は、登校初日にばっちり体験できます。

卒業式は必ず行われます。さすがにそれはやらなくちゃね。

服装はさりげなく

インターナショナルスクールに入ってまず目に付くのは、外国人のママたちのラフな服装です。暑い時期であったらショートパンツに素足は当たり前、上半身はタンクトップやTシャツといったものです。寒くなればパンツ丈が長くなり、スエットやタートルネック、セーター類が幅をきかせます。足下はおおむねミュールやビーチサンダル、暖かくない時期はスニーカーでしょう。皆さんそのような具合です。彼女たちはあまりお化粧もしません。まったくのすっぴんという方もいくらもいます。バッグはビニールだったりキャンバス地のトートだったりといった感じです。毎日の送り迎えだからそうだというわけではなく、面談にもその程度の格好で登場する方はごく普通に見られます。中には子どもの入試にラフな格好で来るという強者も。「親子面接の時はきちんとしたけれど、今日は子どもだけが見られる日だから、親の服装なんてどうでもいいのよ」と。さすがにそれは大胆！

学校に顔を出すお父さんたちの服装も同様です。仕事の前後でなければ、ショーツやジーンズとTシャツにスニーカーという服装です。高給取りといった方ばかりなのに、パパたちもかなりリラックス。

インターナショナルスクールに入ってくる日本人は皆さん相当な財力の持ち主ですから、高価な衣類やバッグをお持ちです。アクセサリー類も立派です。もしも多国籍な保護者間にちょいとした「へだたり」ができるとしたら、身につけるものあたりが要因でしょうか。

しかし、へだたりが生じたとしても、そう長くは続きません。所詮、水は高いところから低いところに流れて行くもの、最初はぱりっとキメていた日本人保護者も、多くの方はその後どんどんラフに変貌（進化？）して行きます。一年も経てば、皆さん外国人ママたちパパたちとそう違わない服装に。お化粧も徐々にグレードダウンして行きます。「学校での経験値と見てくれの気軽さは比例する」という公式は成り立つのかも!?

とはいえ、お受験塾・お受験幼稚園に通わせている子どもがいて、インターナショナルスクールと両方を行き来するママたちはそうはいきません。彼女たちに限っては、紺地やグレー地のスーツにストッキングにローヒールのパンプスといった服装で、日々インターナショナルスクールにご登場です。「浮いている」との自覚を持っていても、やはりお受験塾・幼稚園にナマ足のサンダルにクロップドパンツでは行かれませんね。痛み入ります。

けれど、多文化集団の基本理念は「人は人、自分は自分」。カジュアルな環境でやたらと立派な服装をしていても、誰もちっとも気にしないものです。

「どうして日本の女性って真夏でもストッキング履いていられるの?」との質問は、在学中幾度も外国人保護者たちから尋ねられました。猛暑日にストッキングを履いて歩き回るなんて想像しただけで卒倒しそう、自虐的な行為でしょ、といった意見はごもっとも。まったくその通りです。けれども、それでも履いてしまうのですよね、我が民族の女性たちは。

整列ができない！

ブラスバンド部といった例外を除き、一般的にインターナショナルスクールの生徒たちは整列が下手です。高校生に命じてみても、ゆるゆるとした感触は払拭できず、日本の小学生レベルすら無理というのが悲しい実情です。なぜそうかとの理由は簡単、インターナショナルスクールでは整列の訓練がなされないから！

決して難解な行動ではありませんから、訓練さえされれば、見事にやってのけられるはずです。外国人だって、軍隊やオリンピックの出場者たちは、綺麗な整列を披露しますものね。

整列は、いったん身につけてしまえば劇的に忘れ去ってしまうスキルではないのでしょう。やれ朝礼だ、運動会の準備だ、卒業式だ、と繰り返し整列、ひいては行進をさせられて来た我が国民の一部は、東日本大震災直後の混乱時、駅の階段にきれいに並んでしまい、その画像を見た諸外国の人々をびっくりさせたものでした。

かくして一般的日本人は「学生だったら誰でも何人でも整列ができるでしょ」と思い込みがちですが、なかなかどうして、インターナショナルスクールの実情を知れば、己の世間知らず感は一目瞭然です。

あるインターナショナルスクールのＰＴＡ役員だったアメリカ人ママとオーストラリア人ママが、東京港区の公立小学校で行われた地震避難訓練を見学する機会がありました。彼女たちを強く惹きつけたのは、校庭での児童たちの整列の綺麗さ。無言でさっと二列に並ぶ子どもたちの姿はよほど印象的だったらしく、後日行われた見学報告の際は、本題よりも整列の話にたっぷり時間が割かれてしまったのでした。

整列の訓練が行われないインターナショナルスクールでは、努力しても「だいたい整っている感じ」といった並び方に留まりがちです。二列と言われても部分的に三人がひしめき合って並んだり、一部分だけ一人がぽつんと立っていたり、列全体がずれたり蛇行したりします。「前へならえ」を教わらない以上、仕方ありませんね。背の順という並び方もしないので、それぞれがそれなりに綺麗に並んだところで見映えがそう良くもなりません。そして、「整列＝沈黙」との意識もさほどなし。

このゆるゆる感は、運動会の際最も顕著に表れます（運動会については次項で）。「入学式・始業式・終業式やりません」のスタイルを貫くインターナショナルスクールは、運動会でも日本的感覚の開会式も閉会式も行いません。それらがないということは入場行進もないわけですから、事前の行進の練習もない。かくて整列する機会もない。

運動会に入場行進がない……これは新入り日本人保護者にとって衝撃が走る瞬間です。「入学式やりません」に引き続いての、「またか！」のショックとでも申しましょうか。しかし考えてみれば、整列の訓練さえもされてもいない集団が入場行進をしてしたところで、恐ろしい結果しか生まないと容易に想像できますから、しない方が却って心穏やかなのかもしれません。

インターナショナルスクールの名誉のために付け加えておきますが、卒業式にこうしたゆるゆる感は持ち込まれません。各学校とも卒業を前にした生徒たちには細かい訓練を繰り返し、卒業式には綺麗に整列させた上で入場させるという習慣が守られます。日本的な「一糸乱れぬ」というレベルかどうかは怪しいところですけれど、なかなかぴりっとした行列が披露される機会です。

インター的運動会

インターナショナルスクールの「うひゃ〜感」の最大級のものと呼んでも過言ではないのが、運動会。ベテラン保護者たちの意見は、ほぼまっぷたつに分かれます。「もう慣れました」もしくは「何年たっても許せない」。

運動会はどの学校でも行っている行事ではありません。行っている学校のは、「せっかく日本にいるのだから、日本の形式を真似てみるか」といった気軽さで、幼稚園と小学部、せいぜい中学部までといった若い世代の生徒たちに参加させます。校庭が狭い学校は、公の競技場を借り切って開催します。

前章でご紹介した通り、日本的な整列の習慣がないインターナショナルスクールの生徒たちは、運動会でも整列をしません。グラウンドに到着した生徒たちは、学年ごとに集まり、校長（教頭）先生の開会の挨拶を聞くという形で始まるのが一般的ルールです。

私の子どもたちの母校では、学年ごとでの行動は限定的で、多くの場合、競技は事前申し込み制で行います（他の学校でも採用されている制度）。生徒はエントリーしたい項目、例えば走り幅跳び、二百メートル走、といった競技に申し込んでおき、運動会前に登録確認書を受け取り、当日は自分の競技のみに参加するというシステムです。「今から五年生の百メートル走を行います」といったアナウンスが流れると、それに登録していた生徒だけが、スタートラインに集合するといった流れです。

集合場所まできびきび走るというのは、せいぜい三年生までが取る行動でしょうか。それ以上ともなると、仲間同士でずるずるだらだら、移動には時間がかかります。エントリーを忘れている生徒、していないと勘違いしている生徒に至っては、マイクロフォンを通して「○○、この競技に入ってるぞ、すぐ来なさい」と呼び出しを喰らうことも。身体が空いている生徒たちは何をしているかというと、仲間の応援にかけつけたり、観客席のんびりベンチでひなたぼっこをしていたり、世間話に興じていたり。

広い競技場では、トラックでは徒競走、中央部では大玉転がしといくつもの競技が同時進行しますので、スピーカーから音楽が流れるということはありません。合図のピルトル音だけが、各所で鳴り響きます。真剣勝負の脇を移動組がだらだらと通過したり、アナウンスが錯綜したり、昼になれば、低学年が抜け出して上級生たちより先にお弁当を食べて帰宅してしまったりと、ゆるゆる感にもめまぐるしくアクセントがつきます。規定の体操着がなければ、各自が着用しているシャツやショーツはデザインも長さもフィット感もすべてばらばら……うーん、日本の学校の運動会とは随分違うぞ……。

学校側は、「ちょっと日本のスタイルを真似しただけ、そっくりそのまま同じにやるなんて言ってません」という意識ですから、文句をつけられる筋合いではないと思っているでしょう。けれど、日本人にしてみれば、「運動会やります」と言われると、「あれやって、これがあって、ああいうふうにそれやって」と先入観に満ち満ちてしまうのです。これがいけない。

日本人の保護者たち、特にお父さんたちの中には、「整列や行進を繰り返し教え込む日本の学校は軍隊みたいでごめんだ、『全員一緒に行動』も不快だ」と嫌悪感を抱いている方が結構いらっしゃるのですが、ここまでの「日本の常識を完璧にくつがえすほどのゆるゆる感」といった雰囲気の運動会を目の当たりにすると、諸手を挙げて歓迎という域には達せず、小首をかしげる方も。「運動会だけはねえ……」というぼやきは、毎年各所から聞こえます。

運動会の名物男

うちの子どもたちの上級生であったT君は、お父さんが日本人・お母さんが外国人という家庭の出身でした。頭脳明晰で運動神経抜群で、とんでもなくひょうきんで、その上いわゆるイケメンで、という条件が整った超人気者でした。

毎年春の運動会では、T君の活躍が大いに期待されていました。前項でご紹介した、ゆるゆる感全開の運動会です。といっても、彼が何かの競技で特別な記録を作りそうであったというわけではありません。彼は普通レベルで運動神経抜群の普通の男の子でした。しかし、大人も子どもも皆彼から目が離せなかったその理由は……服装……。

運動会の当日、白組と青組（スクールカラー）に分かれた生徒たちは、自分の所属のチームがわかる服装で来場するように、指示を受けます。Tシャツの色の大部分がはっきり白か青で占められていれば十分で、ショーツが他の色、たとえばグレーやピンクであってもまったく問題なし。靴もスニーカーであれば何でもよし。鉢巻は、白か青のものが各生徒に一本学校から支給されます。

しかし、T君は毎年「全身真っ赤」で登場したのでした……真っ赤なTシャツ・ショーツ・靴下・スニーカー……あげくには、カラースプレイ（シャンプーすればすぐ落ちるもの）で髪も真っ赤に染めて……頭には存在しないはずの赤い鉢巻も……。

私が出会ったころのT君はすでに中学生でしたので、この習慣がいつ始められたのは知りません。確実なのは、毎年必ずその格好であったということ。

咎め（？）に来た先生とのやりとりを翻訳すると、以下のような具合です。


「T、その格好は何だ」

「何ですか、先生？」

「その格好だ、それじゃ白組か青組かわからないじゃないか」

「えっ？　……あ？　……あっあっあああ、忘れてた、俺、赤着て来ちゃった！」

「髪もだ！　髪まで赤いぞ！」

「先生、今日は白とか青とかを着るんだったよね、うわあ、まったく忘れて赤い格好で来ちゃった、やばいわ～、すいまっせ～んっ」

けれどこの場の役者は彼ひとりではありません。「ボケ」がおれば「ツッコミ」も用意されるのが世の道理です。毎年同じ先生が、「今気がついたなんてわけないだろ！」「毎年赤を着て『間違えちゃったあ』と言ってんじゃないか！」と、大真面目にT君と漫才を披露してくれたのでした。

それにしても、白と青の大集団の中に混じり込んだ全身真っ赤なT君の存在感たるや……どこにいても、「あそこにTが」といやがうえにも皆気づいたものでした。まさに「運動会の名物男」。生徒たちも教職員たちも校長先生も、本人のお母さんを含む保護者たちもが、「おー、また今年もやってくれたわ」と微笑み合う風景は、ただでさえゆるゆる感満載のインターナショナルスクール風運動会に、これでもかといったのどかさを付け加えてくれたのでした。

T君にとって最後の運動会では六歳下の弟をも巻き込み、兄弟二人して頭の先からつま先まで真っ赤で参加という、文句の付けようのないグランドフィナーレをやってのけてくれました。もうここまでくれば、偉業とでも呼ぶべきか。

毎年この運動会には、栃木県から姉妹校の六年生一同が合流参加する習慣があります。Tがいたころ、先方の六年生たちは揃って「あいつ、すっげー」「怒らない学校もすっげー」と、目を丸くしていましたっけ。そう、すごいでしょ！

当番もない！

私の子どもたちが在籍したインターナショナルスクールの幼稚園では、「お弁当を食べる前のご挨拶の当番」というものがあります。

二人の生徒が皆の前に立ち、日本語で「皆さん、ご用意はよいですか」と声をかけ、皆の準備を確認した後、「では皆さんご一緒に、『いただきます！』」と、ご挨拶。外国人の生徒たちも日本人の生徒たちも一様に日本語で挨拶をさせられます。なぜここだけは日本語でかというと、「英語には『いただきます』に相当するフレーズがないから」という理由です（注・「ボンアペティート」というフランス語のフレーズを口にする習慣は英語圏にもありますが、これには「食物に感謝」という意味が含まれてはいません）。

この「いただきますの当番」は、おそらくこの学校では唯一の、皆が平等に順繰りに担当する仕事でした。

「給食当番」「掃除当番」「日直」「週番」など、日本の学校では順繰りに仕事をまわすという習慣が根強くみられます。公平さの現れですよね。「給食当番」と「掃除当番」は必ずそうであるべきでしょう。「生徒の自由意志に委ねる」なんて言っていたら、収拾がつきませんもの。

インターナショナルスクールの特徴のもうひとつは、「お当番がほとんどない」ということでしょう。給食がないから給食当番はない。掃除は業者に任せるから、掃除当番もない。その上「日直」も「週番」もない。

業務的パシリといった、本来日直や週番が担うべき仕事を誰が処理するかは、先生の自由な采配で決定します。「○○、ちょっとお願い」もしくは「手の空いている人、協力して」といった突発的な形でボランティアを募るだけ。体育の道具類や音楽の楽器類をクローゼットから出す・片付けるといった作業も「ヒマそうな」「力がある」「たまたま目の前に居合わせた」生徒が捕まるという運命です。

こうして突発的に協力を要請された生徒たちであっても、必ず手を差し伸べるというのが、インターナショナルスクールの清々しいところなのです。「どーして私（俺）が？」といった反応が絶対にないわけではありません。高学年ともなれば「かったるー」と白目をむく生徒はいるでしょう。けれども、くってかかる、拒否する、といった反抗的な行動をとる生徒はまずいないと明言できます。

自由な采配で生徒に協力を要請するという状況では、「頼みやすい子」と「そうではない子」に分かれるのでしょうね。後者に比べ、前者はより頻繁に依頼を受けるのかもしれません。けれど生徒たちに「公平に扱われなきゃ許さん」という意識は至って気薄、頼みごとは「ゆるっと投げかけ、ゆるっと引き受ける」といった塩梅なのです。「公平に、順繰りに」、と目くじらを立てることなく引き受けるというシステムも、とても好感が持てるものですね。

ちなみに、授業後にホワイトボード（インターナショナルスクールではホワイトボードの使用が多い）に書かれたものを消すのは、書かれた先生本人の仕事です。

私んちの場合⑦

頭ジラミ格闘記

インターナショナルスクールでは、時折頭ジラミが発覚します。時期は長期休暇の後がほとんどなので、「途上国の秘境といったリゾートへ旅行した家族が持ち込んでいるのでは」という説が真相ではないかと囁かれています。最近は日本の学校でもたまに同じ問題が起こるそうですね。しかし二〇〇〇年ごろまでは、頭ジラミはほぼインターナショナルスクール固有の問題でした。

一年生の冬のある日、自宅に学校の保健室から呼び出しの電話がかかって来ました。何ごとかと駆けつけると、「お宅のお嬢さんの頭にシラミが……」と驚愕の告知。同級生たちの間でシラミが発生したので学年の全員をチェックしたところ、うちの娘も引っかかったと。秘境へ旅行になんか行ってはいませんでしたから、誰かにうつされてしまったに違いありません。低学年の子どもは身体をくっつけ合う機会が多いので、年上の子たちより遙かに伝染が容易に起こるとのこと。「これですよ」と看護師さんが、娘の頭皮に生息するシラミの卵を見せてくれました。

黒髪の根元に白っぽいぷつっとしたものがありました。しかもあちこちに。絶対にふけと勘違いできない、ふっくらつやつやと水気を帯びたものでした。きゃーっ。

日ごろは学校生活全般に十分満足している癖に、こういう希有なピンチに直面した途端、「どうして子どもをインターなんかに入れちゃったんだよう！」と恨むとは誠に大人げない。しかし、それがシラミと初対面した際の私の本音でした。

けれどここはひとり自責の念を募らせている場合ではありません。娘の頭に生息したシラミの卵を駆除しないことにはどうにもならないのです。のんびりしていてはクラスメイトに迷惑なだけではなく、自分にも家族にも伝染してしまう可能性があるのですから。

保健室には外国製の「頭ジラミ駆除シャンプー」が山と積んでありました。これを一本分けてもらい、即帰宅。子どもの髪をしっかり洗った後、櫛を使って頭皮に張り付く卵を探し出し、指でひとつひとつつまんで取り除くという作業を実行。家族全員分のバスタオルを替えベッドシーツ類を替え、洗濯しました。家中の櫛とヘアブラシも洗浄。ただでさえ精神的なダメージを受けているというのに、なかなか体力を消耗する労働をさせられ、心底くたびれました。

指示通りシャンプーと卵除去を続け、もう大丈夫だろうと安堵した数日後、保健室からまたしても呼び出しがきました。「全部一からやり直し？」とうんざりしながら娘の頭を覗くと、そこには頭皮の上を機嫌良さげに散歩する、孵化した成虫の姿が……卒倒せんばかりのショックを受けましたが、そんな弱気ではいけないと気を取り直し、人差し指でお散歩する虫をぶっつぶすことに……その気持ち悪さったら、あーもう思い出すのも厭！　……娘の頭を丸坊主に刈ってしまおうかと本気で考えた瞬間でした。

より強力なシャンプーをもらい、幾日もしつこく卵除去作戦を遂行しまくり続けた末（「しらみつぶしに」とは言ったものです）、娘の頭からシラミを一掃することに成功しました。

けれどそれからしばらくは、襲いかかるが如くの勢いで娘の頭皮を覗き込んでいましたね。いくらゆるゆるなインターナショナルスクールでも、「シラミが再々発」なんて不始末を起こしたら、どんだけ気まずいか！

頭ジラミ追記

私が娘の頭ジラミと壮絶なる戦いを繰り返したのは、一九九六年のことでした。その当時は、「高学年はそうではないけれど、低学年の間では伝染しやすい」という説がまかり通っていました。「小さい子どもたちは身体を密着して遊ぶ傾向にあるから、頭と頭が接近した際、シラミがうつる」という理屈です。

『ウォーリーを探せ！』といったものであれば、何人もの子どもたちが一冊の本に群がるなんてこともありますね。ふむふむ、納得。

今回この本を執筆にあたり、いくつかのインターナショナルスクールのママたちに最新の調査を依頼しました。「低学年だけの話でしょ。大きい子たちの間では流行らないでしょ」との私の問いに、皆さんはきょとんとした顔。一様に「小さい子にも大きい子にも、流行りは流行りとして皆あります」との返事。それには「大きい子たちの間でもうつる？」

と、こちらがきょとん。娘が幼かった時代と今との間にどのような違いが生まれたのでしょうか？

その答えは、あるアメリカ人ママが教えてくれました。原因は……電子機器の発達……。

ひとつの画面を複数の仲間が一緒に眺めたり、ひとつのイヤホンを二人で共有したりといった行為が、シラミの移動を自由にしていたのでした……。

「電子機器が発達するとシラミは旅をしやすくなる」というお話。きゃー。

第8章

そして次なるステップへ

初夏の卒業式

インターナショナルスクールの卒業の季節は初夏、式は六月に行われます。入学式も始業式も終業式もないインターナショナルスクールにとって唯一の式典とも呼べる卒業式は、第7章で取り上げたゆるゆる感とはまったく無縁の、ぱりっとしたイベントです。日ごろはカジュアルな服装の保護者も教職員の面々も、この日ばかりはばっちり盛装。自ずと、日常では決して見られない厳かな空気が会場内にただよいます。

小学校でも中学でも、上の学校が併設されていれば、卒業式はややこぢんまりとしたものに落ち着きます。大規模に扱われるのは、その学校の最終学年を対象にした式ですね。最大級の卒業式といえば、高校のそれです。

卒業生たちの服装は、学校によってキャップアンドガウンもしくは私服のどちらかと指定されます。私服の場合、スーツやワンピースドレスの他、サリー、キルト（男性が着用するチェック柄のスカート）、チマチョゴリ、振袖や紋付羽織袴といった民族衣装の着用を歓迎している学校もあります。民族衣装の着用率が高いと、会場の雰囲気がぐっと華やぐものです。

卒業生は綺麗に整列して入場します（！）。この日に向けてしっかりと練習を積んできたから、ちゃんと整列ができるのですね。この姿を見た親たちは「ほう」、と感心。ただ単に整列して入場しただけなのですが、何分にも生徒たちがきちんと整列する姿を見るのは珍しく、長年抑え続けていた整列ＤＮＡや行進ＤＮＡが騒ぐというか、日本人の大人たちは卒業生たちの入場を見ただけで感動しちゃうというややフライング的な感激の瞬間です。

振袖姿の卒業生

式典の内容は、校長先生や理事長の挨拶、卒業証書の授与、生徒を代表してのスピーチ、卒業生の合唱など、さほど日本の学校のものと変わりません。少人数の学校であれば、卒業生ひとりひとりが数分間のスピーチを行う、校長先生が各生徒についてコメントするといった習慣があります。式典終了後には、校庭でスパークリングワインやカナッペといったものを囲んでのミニパーティーを開く学校もあります。学校内でワインにカナッペとは洒落ていますね。学内でアルコールは駄目よという学校ももちろんあり、方針はいろいろです。謝恩会の有無や内容の豪華さも学校によって、年によってばらつきがあるというのは、日本の学校と少々ちがうのかもしれません。

少々大袈裟に言ってしまえば、インターナショナルスクールにとって卒業とは、「それまで毎日一堂に会していた面々が、世界中に散る」というターニングポイントです。実際、留学先ひとつをとっても、アメリカ・カナダ・イギリス・オーストラリアといろいろです。外国人の生徒が自国に戻るというケースも含めれば、散らばる先の多様さは数え切れません。こらえようと努めても、各自の感情は劇的に高まります。

卒業式の光景を眺める保護者たちの心境も同様です。自ら進んで選択したインターナショナルスクールという世界は、想像を超えた複雑怪奇なものでした。度重なる異文化との交流、桁違いに強い自己責任の意識や自己主張といった大波小波に揺さぶられ、「小舟で大海を渡り切る」といった心細さを伴いながらの長い航海の末、ついに卒業式という目的地へたどり着いたのです。

初夏の強い日差しの中、若者たちも保護者たちも笑顔で涙で汗まみれでハグを交わし合い、おのおの次の活動の場へと旅立って行きます。

そして就職

「インターナショナルスクールで学んだ子どもには、海外で大いに活躍してほしい、日本と諸外国との架け橋になってほしい」と、多くの日本人保護者は願うのでしょう。周囲の人々がそういった期待を抱くもの自然ですね。しかし、卒業生たちの実情を眺めると、そうすんなりと展開はしないとの印象を受けます。四年制大学を終えてすぐ海外で就職というのは少々期待し過ぎ、と覚悟しておく必要があるようです。

残念ながら、国籍という壁が立ちはだかるのです。何処の国でも自国民の雇用を最優先する当然ですから、期間限定のワーキングホリデーやインターンシップといった制度は別として、通常の就職においてよそ者が入り込む余地は見つけにくいのです。特殊技能や免許といった「技」の持ち主とは違い、一般の学士や修士の修了者は海外での就労は困難と理解しておくべきでしょう。

首尾良く仕事に就けたとしても、会社がリストラを行う際には「自分は一番にアウト」と心しておく必要があります。どの時代でもどの国においても、外国籍の就労者とはそういう立場にいるものなのです。

「海外は絶対に無理」と否定するのではありません。「新卒でいきなりは難しい」とご理解ください。「まずは国内で職に就き社会人としての基礎を固め、その後時間をかけてステップアップを図る」というのが、現実的な策と言えましょう。実際、インターナショナルスクールの卒業者の大多数は、まずは国内の企業（主に外資系）に落ち着き、後年起業や海外進出に目を向けるといった展開を遂げています。

インターナショナルスクールを卒業後海外の大学に進学した留学生の多くは、在学中に「キャリアフォーラム」という就職フェアに参加します。一九八七年にアメリカのボストンで始まったイベントで、近年ではロサンゼルス、ニューヨーク、ロンドン、東京でも開催されるようになりました。二日もしくは三日間という日程で、「日英のバイリンガルを雇いたい」と考える企業が一堂に集まり（参加数は開催地によって違いあり）、就職希望者たちを待ち受けていてくれるという、学生たちにとって非常にありがたいイベントです。事前に申し込みをしておけば、フェア開催中にいくつもの企業と面接を行うことが可能になり、内定もしくは後日の再会といった約束が貰える可能性が期待できますので、参加する価値は大いにあります。

フォーラムに参加できるのは卒業見込みの現役学生と限定されてはいません。就労経験のある、転職希望者を求めている企業もあります。「日本語力も英語力も文化的な適応力も十分」と判断される人物であれば誰でも、フォーラムへの参加の条件を満たしていると見なされますから、インターナショナルスクールを卒業後に日本の大学へ進んだ学生も、留学生と同じように歓迎されます。興味があれば参加するべきでしょう。

インターナショナルスクール出身者たちにとって、日本での就職試験の合否を左右する要素は「日本語力」と「日本の社会に溶け込む意志」である、と経験者たちは語ります。

日本の企業であればもちろんのこと、外国資本の企業であっても、日本人の就職希望者には日本語力を要求します。学歴が立派でも、英語やIT力が高くても、日本語で新聞の経済欄を読むのは難しいといった状況では、「日本で地道にがんばろうとの意識が低い」と判断される可能性大です。敬語が怪しいのも極めて印象を悪くしてしまうものです。

日本語力と同じく、「日本の社会に溶け込もうとする意志」も、長い年月をかけて確立させるものでしょう。片意地を張らず自然な気持ちで持てたとしたら、理想的ですね。これは求職といった限定的な次元ではなく、「社会人として日本で暮らして行く」という行為すべてに関わってくると考えられます。

「国際化著しい今の時代、これからは有能な人材を外国からも迎え入れ、自社のグローバル化を推し進めたい」といった日本企業の重役さんの発言を時折耳にしますけれど、インターナショナルスクール出身の優秀な日本人も積極的に雇っていただきたい、と常々思います。単にバイリンガルであるというだけではなく、彼らの思考の柔軟さや味わいの深さは、他に類を見ないものなのですから。

私んちの場合⑧

先生乱入事件

インターナショナルスクールにとって、三月は合格発表の季節です。うちの子どもたちが通った学校は九年生（日本の中学三年生）で修了しますので、九年生は全員いやがおうでも高校受験をさせられます。受験といっても日本のやり方とは違いますけれど（詳細は二三八ページを参照）。

「大きめの寺子屋」といった雰囲気の学校でしたので、常に先生たちと生徒たちの距離感はうんと近く、絆は強いものでした。一年間すべての行事を巡り、先生たちはこと細かく生意気盛りの輩たちと向かい合ってくださいました。ある時はユーモアたっぷりに、そしてある時は強面で、いつも決して自分の信念を曲げることなく。

進学希望先の合否を巡っての先生たちの心痛も、日本の学校の常識では想像もつかないほどの大きさです。毎年繰り広げられる光景とはいえ、毎年先生たちは真摯に感情移入してくださいました。

うちの「超気合が入りづらい子」を押し上げるのは、中学部の先生たちにとって至難の業であり続けました。決して口にはされなかったけれど、「こいつの高校受験はどうなるんだ」と、皆さん気が気ではなかったにちがいありません。

この子はアメリカの全寮制高校に入りたいと自ら宣言していましたので、その意志を尊重し、申し込みをさせました。三月に入り、同級生たちの合否の知らせが次々に到着すると、我が家の緊張も一気に高まりました。

彼にとって一番始めに合否が判明する高校は、第一志望（かつ唯一入りたかった高校）でした。けれど、判明の日になっても連絡がないまま日本時間の朝を迎え、もやもや感を引きずりながら登校することに。送り出す側の親たちだってもやもや感でいっぱいでした。

数時間後、夫の仕事場から合格通知のファックスが届いているとの知らせがきて、すぐに中学に電話を入れました。「九年生の先生で手が空いていらっしゃる方がいらしたらどなたでも結構ですので、電話をつないでください」と頼むと、馴染みの社会科のベテラン先生がつかまりました。「ミスターM、今S校から合格の知らせが届きました」と報告。先生は電話の向こうで大興奮。こちらは様々に経緯を説明しながら丁重なる感謝の言葉を述べようと意気込んでいたのに、「話をしている場合ではありません、電話を切ります、あなたの息子に伝えに行かなきゃ！」と、うわずった声で一方的に断線。せっかく人が一生懸命しゃべっていたのに、なんざましょう。

夕方になって、息子は帰宅しました。家に入るなり、「今日は参っちゃったぜ」と、ちっとも参ってなんかいなそうな顔で口を開きました。「お母さんたら学校に電話したでしょ」「したわよ、あなただって一刻も早く合格したって知りたかったでしょ」「その時日本語の授業中だったんだけど、ミスターMが俺の名前を呼びながら教室に乱入して来て、『おめでとう！　合格したぞ！　やったー！』って、大声でさ、みんなからわあっと拍手されて、恥ずかしいのなんのって」「良かったじゃない、すぐに教えてもらえて」「教師なんだから、他の先生の授業止めんなよ」と嬉し恥ずかし。にやにやにや。

ミスターMだって、いても立ってもいられなかったのですね。いかにもこの学校の先生らしい乱入技だと、思わず笑みがこぼれました。

巻末資料　高校進学と大学受験

1. 高校進学

インターナショナルスクールに通う日本人中学生にとって、高校進学に関しては以下の選択肢が考えられます。

* ＊ 現在通っている中学に併設されている高校に進学する(エスカレーター式)。
* ＊ 現在通っている学校は中学で終わるので、別のインターナショナルスクールの高校に進学する。
* ＊ 現在通っている学校には高校も設置されているけれど、別のインターナショナルスクールの高校に転校する。
* ＊ インターナショナルスクールの学生を受け入れる日本の高校に進学する。
* ＊ 海外の高校に留学する。

中学でカリキュラムが修了してしまう学校はいくつもあり、生徒の大多数は周辺地域のインターナショナルスクールの高校に進みます。高校側は承知の上ですから、毎年相当数の外国人生徒と日本人生徒の入学願書が届くことを想定しています。編入試験の方針や実施の時期は各学校によって異なりますので、事前に調査をし、手違いを起こさないよう気をつけなければなりません。

近年急速に数を伸ばしているのが、インターナショナルスクール出身者を受け入れる日本の私立高校です。こちらも受験資格や試験等細かい規定が学校によって異なりますので、早いうちから調べておく必要があります。

海外留学の場合は、SSAT (Secondary School Admission Test)、TOEFL (Test of English as a Foreign Language) といった共通テストを受けます。SSAT はアメリカの学校に進学の際は必要です。TOEFL はアメリカでもそれ以外の国の学校でも必要です。両テストとも日本国内の各地で年に複数回実施されているので、受験は難しくはありません。進学を希望する学校に問い合わせ確認の上、インターネットで申し込みをすれば、受験が可能です。

2. 大学受験

インターナショナルスクールから大学を受験する際は、通常ふたつの方法のうちのひとつを選択します。

①インターナショナルバカロレア (通称IB) を取得する

幅の広い知識・見識・教養の基盤固めと高いリサーチ力が必要とされる。

②SAT（エスエイティー）またはACT（エイシーティー）を受ける

間口を狭め、集中した学問的知識が必要とされる。

海外の大学を受験する際には、日本的な入学試験というものはありません。気分的にはやや楽なのでしょうが、上にあげた共通テストのスコアや内申書といった「日頃の行い」「長年の蓄積」といった要素が大きくモノを言いますので、決して楽観せず、それはそれで厳しい選考であると心得ておくべきです。

10年生（日本の高校1年生）の半ばともなると、インターナショナルスクールの生徒も大学受験に向けての準備を始めます。各学校には進学相談のカウンセラーがいますが、生徒各自が自分の方向性を示した上で、カウンセラーがサポートをするという形式を取るのが原則です。

受験に際し必要なのは、願書・論文・内申書・推薦状数通・共通テストのスコア（後述）・受験料です。面接に関しては、必要・好ましい・特に必要なし、と学校によって学部によって違いがあります。

■共通テスト

原則的に、アメリカとカナダの大学進学のためにはSAT もしくはACTと呼ばれるテスト（後述）を、北米以外の大学の進学のためにはIB資格（同）が必要です。日本の大学に進学の場合は、大学によって受験方法が異なりますので、各大学のウェブサイトでお調べください。

選択肢は概ね4つに分かれます。

1) SATまたはACTを受けて日本の大学に進学する
2) IBを受けて日本の大学に進学する
3) SATまたはACTを受けて北米の大学に進学する
4) IBを受けて北米以外の大学に進学する

大学によってはTOEFL（Test of English as a Foreign Language）を要求しますので、それに向けての準備も必要になると気にとめておきましょう。

(1) 国際バカロレア資格：International Baccalaureate

IB資格取得のためには、11年生と12年生（日本の高2と高3）に在籍中、「IBコースのディプロマプログラム」という決められたカリキュラムを修了するよう、義務づけられています。カリキュラムには6つの教科（英語・数学・理科・社会・外国語・芸術）の他に、「知識の理論（Theory of Knowledge）」、「教科外活動CAS: Creativity, Action, Service」というプログラムが含まれます。前者は調査する力、ディベートやプレゼンテーションをする力を養います。後者は芸術性、スポーツ、社会奉仕といった活動が求められます。IB資格取得には、最後に論文（Extended Essay）の提出と各教科の修了試験を受けなくてはならず、決められた水準以上の成績を納めた受験者のみ「資格を取得」と認定されます。不合格の場合は、「IB コースを修了した」という認定に留まってしまいます。

IB コースは 2 年制なので、10 年生終了時にはその申し込みをすませ、11 年生の新学期から学習を始めます。「選択肢なく、生徒は全員 IB コースに進む」との方針を持つ学校もある一方、選択肢を与えている学校も、IB コースを設置していない学校もあります。IB を希望であれば、IB コースをオファーする高校に進学する必要があります。

IB コース受講者の受験スケジュール（国によって日程に違いあり）

・10 年生修了時……IB コースの申し込みを決定する
・11 年生～ 12 年生……IB コースに沿って学習する
・11 年生修了時まで……受験校リストを作る
・11 年生修了後の夏……学校訪問をする（必要・希望であれば面接も）
・12 年生の 12 月まで……受験書類を希望校に送る
・12 年生の 12 月～ 3 月……合否の通知が届く（「IB 資格テストで何点以上」と条件がつく場合あり）
・12 年生 5 月末……IB 資格のテストを受ける
・12 年生終了後の7月……IB 資格のテストの合否と成績の通知が届く

IB の修了試験に不合格だった場合、または点数が大学から要求されていたものを下回った場合、大学はその受験者の合格を取り消す権利があります。IB コースに在籍しながらも、SAT・ACT を要求する大学にそれらのスコアを送って受験した場合は、IB の結果が合格の取り消しにつながることはありません。

(2) SAT (Scholastic Assessment Test) とACT (American College Testing)

SAT と ACT には、特別に修了を義務づけられている科目も用意された活動もありません。生徒は学校が定めるルールに沿って、英語・数学・理科といった教科の単位を取得します。

高校で IB コースを受講していても、北米の大学を受ける場合は SAT か ACT のスコアを要求されるケースもあると、受験生は心得ておきましょう。

SAT も ACT も毎年数回世界中で実施されていて、随時オンラインで申し込みを受け付けています。毎回テスト内容は変わるものの、幾度か受けると点数が上がるとの傾向があるので、多くの生徒は二度三度と繰り返し受験します。後に受けたスコアのほうが前に受けたものより下がってしまうという結果が生じる時もありますが、大学は受け取ったスコアのうち最も高いものを最終的な成績として考慮してくれます。

SAT と ACT の両方を受ける必要はありませんし、両方のスコアを提出したからといって合格のチャンスが高まるわけでもありません。どちらを受けるかは受験者の判断に任されます。両テストとも、成績を上げるための参考書が出回っているほか、日本国内に専門の塾もありますので、自習する機会には恵まれています。学校での授業では、これらのテスト対策にたっぷりと時間を割いてはくれませんので、長期の休みに専門の塾の集中講座を受けておくのが賢明です。これらのほかに、TOEFL の成績向上のための塾も存在します。

SAT

SAT は Reasoning Test と Subject Test と呼ばれる、ふたつの独立したテストで構成されていて、一度の機会にどちらかひとつを受けることができます。前者では読解 , 英文法+作文、数学の 3 つの項目すべてを受け、後者は全部マークシート方式で英語、歴史、社会、数学、理科、外国語のうち、受ける大学が指定する科目のみを受けるという仕組みです。1回に最大で3科目受けられます。

ACT

英文法、数学、読解、理科、作文の 5 項目をすべて受けます。

(3) TOEFL (Test of English as a Second Language)

英語を母語としない生徒が英語圏の高校・大学に進学を希望する際、TOEFL のスコアを提出させられます。TOEFL は、「読む・聞く・書く・話す」の４つの項目に分かれていて、受験者は１回の受験で４つすべてをこなします。日本では年間に 30 回ほどテストの日程が組まれていますので、受験することは容易です。コンピューターを使って受験します。

北米式の受験者のスケジュール

・10 年生の初め～終わり頃……PSAT (SAT の足慣らしといったテスト)を受ける
・11 年生の初め以降……SAT または ACT を受ける
・11 年生後半……受験校リストの作成
・夏……学校訪問をする (必要・希望であれば面接も)
・12 年生の初め……SAT または ACT を受ける最後の機会
・1 月初旬まで……申し込みに必要な書類をすべて送り終える
・3 月……合否の通知が届く

この受験法では、1 月までに収めた成績がすべてになります。書類を送りつけた後の生徒は気が緩んでしまうという傾向にあるので、合格発表の際、多くの大学では「12 年生後半の成績が著しく低下した場合、大学はその生徒の合格を取り消す権利を持つ」との通告をする習慣があります。

終わりに

「和魂洋才」とは、「日本人が伝統的な精神を忘れずに西洋の文化を学び、巧みに両者を調和させること」という意味です。長い鎖国の時代が終わり、西洋文明が一気に開花した明治時代に作られた熟語だそうです。インターナショナルスクールの保護者として過ごす間に、私の心の内に定着した言葉がこの「和魂洋才」です。

この言葉が世間で聞かれなくなって、ずいぶん経ちました。今の時代にこそ広まってしかるべき言葉なのに、どうして聞かれなくなってしまったのでしょうか。復活してほしいものだと常々感じています。日本人在校生や卒業生にも、そしてインターナショナルスクールの教育のコンセプトに共鳴くださる方々にも、「和魂洋才」の心意気を継承していただきたいと願ってやみません。

この本には、インターナショナルスクールをご存じない方には「こんなものですよ」、美化し過ぎる傾向の方には「ちょっと違いますよ」、懐疑的に思われている方には「結構イケますよ」と納得していただきたいとのメッセージを含んだつもりです。いかがだったでしょうか。

取材に関しては、情報源が関東の学校に集中してしまったのが心残りです。「おいおい、ちょっと違うぞ」とのお叱りを関東以外の地域の関係者各位から頂戴するのではないかと、内心恐れています。先回りしてお詫び申します。至らなさをお許しください。

ご協力くださった学校職員の方々、現役中高校生と卒業生、現役保護者と元保護者の皆様、およびコスモピア株式会社には、心より御礼申し上げます。ありがとうございました。それから「名誉毀損で訴えない」と約束してくれた（と母は信じているのですよ）我が子たちにも感謝。

平田久子

平田久子（ひらた　ひさこ）

東京生まれ。義務教育を日本で、高校・大学教育をアメリカで受ける。帰国後はアフリカにおいて、難民対象のボランティア活動に参加。日本で専業主婦の日々を経て、近年は歌舞伎をはじめとする伝統芸能・伝統工芸についての著述や講演を日英両語で行っている。趣味は和太鼓演奏と落語鑑賞。一男一女を西町インターナショナルスクールに入れ、PTA活動も含め保護者として積極的に関わった。東京都在住。

子どもをインターナショナルスクールに入れたいと思ったときに読む本

2013年8月1日　第1版第1刷発行
著者：平田久子

装丁：稲野　清（B.C.）

表紙・本文イラスト：すぎうらゆう

編集協力：王身代晴樹、高橋清貴、佐野悠介、岡山恵介

取材協力者（五十音順・敬称略）：
以下の方々のご厚意に深く御礼申し上げます。

Philippe Eymard、上田かれん、清田欧輔、清田順稔、清田ゆきこ、Ellis Guo、坂井喜和子、Shumway 千賀子、関満 Grace、土屋いづみ、Rebecca Furcron、Ken von Rentzell、深井信子、丸橋恵美、宮崎浩二、宮崎稔子、宮脇淑子、Lemkuil 里美、Rachel Wang

発行人：坂本由子
発行所：コスモピア株式会社
〒151-0053　東京都渋谷区代々木 4-36-4　MCビル2F
営業部：TEL: 03-5302-8378 email: mas@cosmopier.com
編集部：TEL: 03-5302-8379 email: editorial@cosmopier.com
http://www.cosmopier.com/
http://www.kikuyomu.com/
http://www.e-ehonclub.com/

印刷：シナノ印刷株式会社

ゴア×ボノ「気候危機」「超貧困」
ダボス会議スペシャルセッション

ダボス会議からアル・ゴアとロックバンドU2のボノの歴史的対談を収録したCDブック。ゴアの見事なスピーチ、ボノのユーモアを交えて聞き手を巻き込む発言から、地球が直面するテーマの時事英語が学べます。小冊子には英文・対訳・語注を掲載。司会は『フラット化する世界』のトーマス・フリードマン。

コスモピア編集部 編
CD1枚(63分)+
小冊子96ページ

定価1,575円
(本体1,500円+税)

ジャズで学ぶ英語の発音
スタンダード曲を歌えば、みるみる上達!

「チーク・トゥ・チーク」「ルート66」など、すべての英語の発音のポイントを網羅する10曲を選定。発音だけでなく、相手に効果的に伝える表現力も身につきます。CDには著者のDJ風講義、ヴォーカリストたちの「練習前」「練習後」の発音、練習の成果を発揮する歌を収録。

著者:中西 のりこ／中川 右也
A5判書籍188ページ+
CD-ROM(mp3音声150分)

定価2,205円
(本体2,100円+税)

ダボス会議で聞く世界の英語
ノンネイティブの英語をリスニング!

緒方貞子、マハティール、アナン、ラーニア王妃など、ノンネイティブを中心に20カ国、26名の政財界のリーダーのスピーチを集めました。地球温暖化、テロ、エネルギー資源といった、世界共有のテーマの多種多様な英語のリスニングに挑戦し、自分らしい英語を堂々と話す姿勢を学び取りましょう。

著者:鶴田 知佳子／柴田 真一
A5判書籍224ページ+
CD1枚(64分)

定価2,205円
(本体2,100円+税)

世界経済がわかる リーダーの英語
ダボス会議の白熱のセッションに学ぶ!

カルロス・ゴーン、キャメロン英首相、フェイスブックのサンドバーグCOOをはじめとする、政財界のリーダー27名の英語スピーチをダボス会議から選定。セッションの背景解説、英文、和訳、語注、キーワード、専門用語リストを付け、最新の時事英語を学ぶことができます。

著者:柴田 真一
A5判書籍204ページ+
CD1枚(66分)

定価2,205円
(本体2,100円+税)

完全保存版 オバマ大統領演説
演説9本! 価値ある歴史的資料

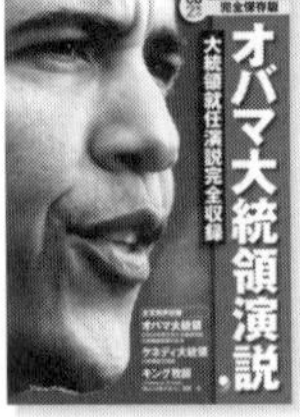

オバマ大統領の就任演説、勝利宣言、民主党大会基調演説など5本の演説を全文収録し、英文・対訳・語注を掲載。キング牧師「私には夢がある」演説、ケネディ大統領就任演説も肉声で全文収録。さらにリンカーンとルーズベルトも加えた決定版です。

コスモピア編集部 編
A5判書籍192ページ+
CD2枚(70分、62分)

定価1,554円
(本体1,480円+税)

オバマ大統領再選勝利演説
1期目と聞き比べてみよう!

激戦を制して2期目の当選を決めたオバマ大統領。勝利演説とそれに先立つ民主党全国大会の指名受諾演説を全文収録し、ミシェル夫人のこれも堂々たる演説、ロムニー候補とのTVディベートの抜粋を加えました。2期目に臨むオバマ政権の課題、スピーチの技術やことばの力を分析した解説とともにお届けします。

コスモピア編集部 編
A5判書籍148ページ+
CD1枚(78分)

定価1,260円
(本体1,200円+税)